不寛容と格闘する啓蒙哲学者の軌跡

モーゼス・メンデルスゾーンの思想と現代性

後藤正英 著

晃洋書房

目次

凡例
序論

第Ⅰ部　ユダヤ啓蒙主義とドイツ啓蒙主義の狭間で
第一章　モーゼス・メンデルスゾーンとユダヤ啓蒙主義　20
第二章　カントとメンデルスゾーンにおける啓蒙と宗教の関係　33
第三章　スピノザ『神学政治論』からメンデルスゾーン『エルサレム』へ　47

第Ⅱ部　ユダヤ人哲学者の格闘の記録
第四章　モーゼス・メンデルスゾーンとユダヤ自治　64
第五章　スピノザとメンデルスゾーン――汎神論論争が抱える「神学・政治問題」　87
第六章　啓蒙思想は魂の不死をめぐって何を問題としたのか　109
第七章　不寛容を生き抜く技法――メンデルスゾーンとラーヴァター事件　126
第八章　道徳の進歩をどのように理解すべきか――カントとメンデルスゾーンの議論から考える　135

第Ⅲ部　メンデルスゾーンの現代性
第九章　世俗と宗教の翻訳可能性　148

第一〇章　グローバル化時代における寛容　165
第一一章　現代寛容論とメンデルスゾーン　180

あとがき　201
重要人名索引
英文目次

凡　例

一　主要哲学者の引用方法

メンデルスゾーンからの引用については記念全集版を使用した。本文中の引用の後に、引用箇所を以下の記号で示している。JubA の略号の後に、巻号をローマ数字で分冊をアラビア数字で表記し、最後に頁数を記載した。一部、全集以外の書籍から引用している箇所があり、その場合は文末註に情報を掲載している。

Moses Mendelssohn, Gesammelte Schriften Jubiläumsausgabe, hrsg.v.Alexander Altmann et. al. 39 vols. Stuttgart: Frommann-Holzboog, 1971-2023.

ヤコービからの引用は Felix Meiner 社から刊行中の著作集と書簡集を使用し、本文中の引用の後に以下の記号で示した。著作集の方は JW、書簡集の方は JB の略号で表記。巻号はローマ数字で表記し、最後に頁数を記載した。

Friedrich Heinrich Jacobi, Werke,Gesamtausgabe, hrsg. v. K. Hammacher u. W. Jaeschke. Hamburg: Felix Meiner, Frommann-Holzboog, 1998 ff.

Friedrich Heinrich Jacobi, Briefwechsel, Gesamtausgabe, begr. v. M. Brüggen u. S. Sudhof, hrsg. v. W. Jaeschke u. B. Sandkaulen, Stuttgart-Bad Cannstatt: Friedrich Frommann Verlag, 1981 ff.

カントからの引用はアカデミー版のカント全集を使用し、引用文の後に、ローマ数字の巻号と頁数を記載した。

Immanuel Kant, Kant's gesammelte Schriften, hrsg.v. der Königlich preußischen Akademie der Wissenschaften, Berlin, 1900-.

レッシングからの引用は Lachmann の編集による全集版を用い、引用の後に LM の略号を付記し、頁数を記載した。

Gotthold Ephraim Lessing's sämtliche Schriften, hrsg. v. Karl Lachmann, Leibzig: G. J. Göschen'sche Verlagshandlinng, 1853-1857.

二　その他

翻訳のあるものについては、適宜、参照しているが、本文中の翻訳は筆者の手によるものである。

原則として、原文のイタリック体・ゲシュペルト体は傍点で示した。〔〕は筆者による補足説明である。

序論

モーゼス・メンデルスゾーンは、一八世紀のベルリンで活躍した啓蒙思想家のユダヤ人として知られる存在である。文豪レッシングや哲学者カントの友人であり、旺盛な執筆活動を通して、ドイツに啓蒙思想を広げるうえで大きな役割を果たした。同時に、彼は、ゲットーを出てヨーロッパ社会に進出する近代のユダヤ人の先駆けとして、ユダヤ人の地位向上のために尽力した人物でもあった。

過去において、メンデルスゾーンは、ドイツ学校形而上学とカント批判哲学の間を仲介した通俗哲学者ないしは折衷哲学者として過小評価されることが少なくなかった。ユダヤ人の歴史の文脈においても、メンデルスゾーンは、一方で一九世紀の改革派ユダヤ教やネオ・オーソドックスに大きな影響を与えながらも、他方では、コスモポリタニズム的観点から宗教的伝統と近代を両立させようとする彼の試みは、世俗的同化主義者、シオニスト、宗教的保守派からの批判にさらされてきた。しかし、二一世紀に入る頃から、欧米ではモーゼス・メンデルスゾーンの再評価が進み、多くの研究書が刊行された。その背景には、排外主義や不寛容を示す事例が頻発するなかで、改めて、政治と宗教の関係や寛容に関する啓蒙期の思想的遺産が問われ直し、メンデルスゾーンの思想的意義が再評価されたことがある。本書も、こうした世界的潮流の中に属するものである。

本書の目的は、メンデルスゾーンが、その生涯と思想において、啓蒙思想とユダヤ教をどのように両立させようとしたのかを明らかにし、彼の試みの現代的意義について考える点にある[1]。

メンデルスゾーンの思想の特色は、啓蒙主義の理想である理性の普遍性を希求しながらも、同時にユダヤの宗教文化の特殊性を保持し続けた点にあった。しかし、メンデルスゾーンは特にその後半生において、啓蒙思想とユダヤ教の両立可能性を疑う人びとからの非難にさらされることになった。当時、外部のドイツ社会には、先進的宗教としてのキリスト教と後進的宗教としてのユダヤ教という進歩史観を前提にしながら、啓蒙主義の合理思想の持ち主であるメンデルスゾーンがユダヤ教にとどまるのを矛盾と考える人びとが多数存在していた。その一方で、ユダヤの宗教共同体の内部には、西欧文化を身につけたメンデルスゾーンのユダヤ教に対する忠誠心を疑う人びとが存在した。このような状況下で、メンデルスゾーンは、近代国家がユダヤ教徒を平等に受け入れる本当の意味での多元性をもちうる方向性を模索したのである。

　当時、ユダヤ人が近代国家の一員となっていく際に議論となったのは、宗教的戒律によって結びついた共同体の位置づけであった。メンデルスゾーンは、ユダヤ教の律法を遵守しつつ近代国家の市民として生活するという、それ以前のユダヤ人が直面したことのない課題に挑戦した。自分たちの宗教共同体のルールとホスト国のルールの間で調整が必要になったのであり、宗教の帰属性と政治的権利の関係が整理される過程で、それまで宗教と民族性が一体化していたユダヤ人のアイデンティティも揺さぶりを受けることになったのである。一九世紀に入ると、音楽家として活躍した彼の孫のフェリックス・バルトルデイ・メンデルスゾーンのように、同化ユダヤ人の慣例としてキリスト教に改宗する人物が続出することになった。しかし、祖父のメンデルスゾーン自身は、近代のユダヤ人たちが、キリスト教に改宗することなく、また全面的に世俗化するのでもなく、ユダヤ教の伝統的な戒律に従いながら、近代国家の一市民として生活することができる未来を展望していた。もちろん、メンデルスゾーンに一世紀先立つオランダにはスピノザがおり、彼は近代がユダヤ教に突きつける課題をすでに自覚していた。しかし、スピノザがユダヤの共同体から破門され、最終的に宗教共同体に属さない生き方を選択したのに対して、メンデルスゾーンはユダヤの共同体の一員であり続けた点にスピノザとの大きな差違が存在する。

　メンデルスゾーンの宗教思想の特徴は、一方で合理的な宗教理解を重視しながらも、他方で、共同体を支える儀礼や戒律のもつ存在意義を強調した点にある。プロテスタント的な宗教理解を背景として反儀礼主義の立場を取る啓蒙思想家たちの中にあって、この点は異彩を放っており、彼の思想の独自性を形成している。本書はまずこの点に注目している。この点にこそ、啓蒙思想とユダヤ教の両立可能性の鍵があった。メンデルスゾーンは、超合理主義（理性のみの宗教）と偶像崇拝（儀礼における象徴を実体視する）の両極にあって、現実的な宗教理解を模索したともいえるだろう。(2)

さらに、彼の宗教思想はライプニッツのオプティミズムの影響を受けており、急進的で無神論的な傾向をもつ啓蒙主義者たちとは異なり、融和的な傾向をもっていたが、それは現状を唯々諾々と受け入れることを意味してはいなかった。彼の人生は不寛容との闘いの軌跡を描いている。特に、その闘争が思想的課題として前衛化したのは、著名になった後半性以降のことである。特に本書が注目するのはこの時期の思想である。一つの書簡を紹介しよう。その内容は、ユダヤ人の苦境に関する彼の肉声を伝えるものとして貴重である。名声を得た晩年になっても、彼をとりまく環境は次のようなものであった。

まさに、この寛大とされている国家において、私は制約の中で生きており、正真正銘の不寛容のためにあらゆる方面から制限を受けているので、愛する子どもたちを養うために――あなたが修道院にいるのと同じような具合で――一日中絹織物の工場の中に閉じ込められています。状況が許さないので、希望通りには学芸に打ち込むことができません。時折、夕方に妻と子どもたちを連れて散歩をすることがあります。パパ！　無垢なわが子が問いかけます。あの柄の悪いお兄さんたちはどうして私たちに罵声をあびせるの？　あの人たちはどうして私たちに後ろから石を投げたりするの？　私たちはあの人たちに何をしたというの？　――そうだよ、お父さん、と別のわが子が言います。あの人たちはいつも道路で僕らを追いかけてきて「ユダヤ人！　ユダヤ人！」と悪口を言うんだよ。ユダヤ人であることは、そんなに悪いことなの？　何がそんなに邪魔だというの？　――ああ！　私は目を閉じ、心の中でため息をつくのです。人間たちよ！　人間たちよ！　どこまでやれば気がすむのか？（メン

デルスゾーンよりペーター・アドルフ・ヴィンコップ宛の書簡。一七八〇年七月二八日）[3]

メンデルスゾーンは、こうしたむき出しの直接的な暴力だけでなく、温情的な仮面をかぶった間接的な排外主義に対しても強い警戒心を抱いていた。一七八〇年代の前半に、ドームの著作やヨーゼフ二世の政策によりユダヤ人への寛容が語られる時代状況が発生したが、メンデルスゾーンは、彼らの寛容政策がユダヤの宗教文化を消滅させる同化主義的傾向をもつ点を警戒していた。

あらゆる雑誌で話題になっている寛容については、私は、あなたがお聞きになっているような好意的な意見とはほど遠い考えをもっています。一つに統合しようとする体系がその裏に潜んでいるのなら、このような寛容好きは、私から言わせるなら、おおっぴらの迫害よりも、もっと危険です。モンテスキューは、『ペルシア人への手紙』の中で、私の記憶違いでなければ、改宗させるための最もよい方法は苛烈さや迫害ではなく、やさしく黙認することである、という腐敗した考え方をしていました。私には、真実や人類愛ではなくて、現在これこそが、まるで支配的な原理であろうとしているかのように思えます。（メンデルスゾーンよりホンベルク宛書簡。一七八四年五月一日）[4]

このように、彼は当時の流行語としての「寛容」という言葉自体には批判的であった。当時の寛容政策が、マジョリティ側からの施しとしての寛容にとどまっていたからである。寛容にもとづく多文化共生社会を成立させるためには、一方ですべての関係者が共有しうる共通の規範を見出す努力を続けながらも、他方で相手の異なる文化を理解し甘受することが必要となる。メンデルスゾーンは、多様性と普遍性の間のダイナミズムにもとづく、本当の意味での寛容思想を求め続けることになったのである。

メンデルスゾーンの生涯

本書の中でも折々に触れることになるが、ここでメンデルスゾーンの生涯について振り返っておきたい。

メンデルスゾーンは、一七二九年九月六日にザクセン・アンハルト公国にあるデッサウのユダヤ人居住地域で生まれた（図1）。デッサウでは、ユダヤ教の伝統的教育を受け、師匠であるラビ・フレンケルのもとで中世ユダヤの大哲学者マイモニデスを知ることになる。

一七四三年、一四歳の時にラビ・フレンケルの後を追って、ベルリンへ向かう。当時、フリードリヒ大王はユダヤ人の在留資格を厳格に規定しており、メンデルスゾーンは、ユダヤの商人イザーク・ベルンハルトの使用人となることで、あやうくベルリンから追放される難を逃れることになった。最初は、ベルンハルト家の家庭教師に始まり、ベルンハルトの立ち上げた絹織物工場で、会計主任を経て、最終的には共同経営者にまで出世していく。ちなみに、ようやくメンデルスゾーンが非正規の保護ユダヤ人の資格を取得したのは、一七六三年のことである。しかも、その滞在許可は一代限りのものであった。当時はユダヤ人への職業制限があったため、メンデルスゾーンは、大学で教職に就くことはなく、在野の研究者として、その研究時間は労働時間外に限られていた。

図1　メンデルスゾーンの生家跡を記念するプレート（ドイツ・デッサウ）（2010年12月筆者撮影）

ベルリンに出てきたメンデルスゾーンは、アーロン・グンペルツをはじめとしたユダヤの知識人との交流の中で、ヨーロッパの主要言語や最新の学問を吸収していく。メンデルスゾーンにとってドイツ語は生まれながらの言語ではなかったが、その後、当代随一のドイツ語の書き手となっていく。やがて彼は、グンペルツの紹介で生涯の友人レッシングと出会うことになる。その後、知識人が集まるサロンの一員となり、レッシングの後押しを受けて、文壇にデビューする。出版業者のニコライやレッシングと協力し、多数の書評や論考を雑誌に掲載することで、ドイツの啓蒙文化の興隆に大きく貢献した。一七六三年にはベルリン王立科学アカデミーの懸賞論文でカントを押さえて首席に選ばれるという栄誉を受ける。その後、プラトンの『パイドン』をライプニッツ哲学によって翻案した哲学小説『フェードン』の成功により、その名声はヨーロッパに広がった。私生活では、六二年にハンブルクで知り合った妻フロメット・グッゲンハイムと結婚。二人の間には一〇人の子どもが生まれ、六人が成人まで生き延びることになった。後に、二女のドロテーア（元々の名前はブレンデル）は作家フリードリヒ・シュレーゲルと結婚し、ロマン主義の一翼を担うことになった。三男のヨーゼフの立ち上げたメンデルスゾーン銀行は、ナチス・ドイツによって廃止されるまでドイツを代表する大手銀行の一つとして存続した。

メンデルスゾーンの生涯の歩みに戻ろう。メンデルスゾーンの知名度が向上するのと反比例して、当代を代表する啓蒙思想家がユダヤ教徒であることとを矛盾と見なす人びとからの批判に公的に答える必要性が発生してくる。これが彼の後半生の課題となった。宗教への帰属性という私的でデリケートな問題について、公的に意見表明を迫られることになったのである。その発端は、六九年にスイスの牧師ラーヴァターによって突きつけられたキリスト教への改宗要求事件であった。ラーヴァターは、シャルル・ボネの著作をキリスト教思想の体現と見なしたうえで、この著作の内容を論駁するか、できない場合はキリスト教に改宗せよ、と迫ったのであった。七一年には、ベルリン王立科学アカデミーへの会員就任をフリードリヒ大王によって拒否されるという事件が発生する。これはメンデルスゾーンにとって、かなりの心理的な痛手となった。啓蒙専制君主によってユダヤの啓蒙知識人が拒絶された瞬間だったのである。ラーヴァター事件のダメージと相俟って、彼は、この頃から死に至るまで体調不良に悩まされることになる。

七〇年代に入ると、メンデルスゾーンは、その知名度により、各地のユダヤ人共同体が抱えているトラブル解決のために尽力することになる。アルザス地方のユダヤ人たちの窮状を救うための活動が、プロイセンの官僚ドームによる『ユダヤ人の市民的地位の改善』出版に繋がったことも、この時期の活動の成果である。ケーニヒスベルクでカントやハーマンと面会したのも、この一連の調停活動に付随するものであった。七八年には、ユダヤ人の商人フリートレンダーと共に、ユダヤ人の子弟のための学校も創設している。ユダヤ教だけに限定されず、近代的市民に必要な知識を修得することができる学校の始まりであった（図2）。

八二年にはハプスブルクのヨーゼフ二世によるユダヤ教徒への寛容令が発布されている。しかし、メンデルスゾーンは、そうした寛容政策がユダヤの宗教共同体を解消する同化主義的な傾向をもつものであることを懸念しており、メナセ・ベン・イスラエルの『ユダヤ人の救済』を翻訳出版し、その序文の中で、そうした同化政策への反論を展開した。さらに、八三年には主著『エルサレム――あるいは宗教権力とユダヤ教について』を出版する。この著作は、啓蒙思想とユダヤ教の両立可能性をめぐるエッセンスが凝縮された内容をもっている。さらに、八三年には啓蒙主義を代表する結社であったベルリン水曜会の名誉会員に就任しており、当時の社会の懸案について有力者たちと一緒に啓蒙的観点から議論を行なえる立場にあった。

図2　メンデルスゾーンの胸像（ドイツ・デッサウ）
（2023年5月筆者撮影）

最晩年には、レッシングがスピノザ主義者であったことをヤコービが告知したことで勃発した汎神論論争が加熱する中で、『朝の時間』と『レッシングの友人たちへ』を出版。レッシングの汚名をそそぐために原稿を少しでも早く投函すべく無理をしたせいで体調を悪化させ、八六年一月四日に友人にして医師のマルクス・ヘルツが見守る中、死去した（図3）。

図３　メンデルスゾーンの墓石（ドイツ・ベルリン）
（2013年９月筆者撮影）

ところで、ベルリンの王立司書官にしてベルリン水曜会の共同発起人であったヨーハン・エーリッヒ・ビースターは、メンデルスゾーンの死後、二カ月を経過した一七八六年三月に『ベルリン月報』に「メンデルスゾーンを偲ぶ」と題する追悼文を発表した。当時のドイツの啓蒙知識人から見た場合のメンデルスゾーンへの評価がよく分かる文章である。

> この高貴な人物は、その優れた著作に劣らぬほどの優れた生涯において、強さと技芸をもっていた。生き生きとした感覚がもたらす印象を理性によって制御し、それと同時に、正しく考え抜かれた理性概念に対してみずみずしい感覚をもたらしたのだ。この高貴な人物はもう存在しない。今年のはじめ、一月四日に、私たちの友人たちから、私たちの街から、学問から、人類から、死が彼を引き離した。損失は甚大であり、――ほとんど取りかえしがつかない（JubA, XXIII, 19）。

ビースターは、「ドイツは特に彼に何を負っているのか」という問いを掲げたうえで、メンデルスゾーンの功績を次の五つに要約している。

第一に、哲学的問題における彼の優れたドイツ的スタイルである。ルターがあれほど見事に成し遂げたこと、すなわち、民（Volke）にとって重要なテーマを民の言葉で彼らに提示するという業績は、この偉大な人物の時代以降は、少数の作家によってのみ行なわれてきた（……）。その仕事は、もともと私たちの国では異邦人であり、学校で学んだわけではない言葉を用いて、自分自身で困難な道を切り開かなければならなかった人物に委ねられたのであり、最も抽象的な概念を最も美しい表現で着飾る方法と、最も深遠な教義を、その尊厳と意義をいささかも損なうことなしに、絶え間なく心に訴えかける生き生きとした優美さをもって提示する方法の模範を示すために、私たちのメンデルスゾーンに任せられたのである。彼と彼の後継者たちの勤勉な努力によって、私たちの民の学識は計り知れないほどに促進されたのだ（JubA. XXIII, 24）。

第二に、レッシングやニコライと並んで、ドイツが率直で無党派的な批評を始めたのは、彼のおかげである。人物ではなく事柄そのもの、名声やとりまきではなく作家そのものだけを論評したのである（JubA. XXIII, 25）。

第三に、ドイツはまた、理論的な批評や、感覚論や美学（……）の優れた発展についても、彼に恩義を感じている（JubA. XXIII, 25）。

第四に、彼の民、そしてそれを通じてドイツ全土、人類全体が、その道徳的・知的教育の大部分を彼に負っている。（中略）彼の民と、その民にとって重要なものすべてに対する愛は、聖書二冊[5]の素晴らしい翻訳を促すという、私たちにとって直接役立つ効果ももたらした（JubA. XXIII, 25）。

最後に、彼の潔白な行ない、高い誠実さ、そして重要な真理を熱心に教えることによって、ユダヤ人も、たとえキリスト教徒でない者であっても、善人であり、宗教を持ち、私たちキリスト教徒の間に宗教と美徳を広めることができることが認識されるようになったという功績がある。尊敬すべき同胞の多くでさえ、いかに長いあいだ、このようなことは不可能だと考えていたことだろうか！——メンデルスゾーンが立ち上がった当初、この不可能性を公の著作で主張し、証明さえした学者や聖職者の何人かは、まだ生きているのではないだろうか？（JubA. XXIII, 25）

第一から第三の点は、メンデルスゾーンが、レッシングやニコライとの共同で成しとげた文藝批評や『フェードン』や哲学的論考を通して、ドイツ社会の啓蒙文化促進に与えた功績のことを指している。しかも、それはユダヤ人の哲学者によるものだったのである。

第三と第四の点は、メンデルスゾーンが、ユダヤの宗教文化とドイツ社会の接点をもたらした点に関係している。彼の啓蒙思想は、ユダヤ啓蒙主義とドイツ啓蒙主義の重なり合う場所にあった。本書が特に注目するのは、第五の功績である。それは啓蒙思想とユダヤ教の両立可能性という問題である。特に、当時、ユダヤ教が道徳的内容をもつことを疑う論者が多く存在しており、メンデルスゾーンは後半生において、この両立可能性を疑う人びとへの応答に力を注ぐことになったのである。

メンデルスゾーンの研究史

続いて、二〇世紀以降を中心にメンデルスゾーンの研究史を少し振り返っておこう。[6] 一九世紀のうちにすでに数度にわたってメンデルスゾーンの全集刊行が試みられていたが（一八一九—一八二一年刊行の全集、一八三八年の一巻もの、一八四三—一八四五年刊行の全集）、一九二〇年代に入り、メンデルスゾーンの生誕二〇〇年を記念して、歴史批判的な校訂にもとづくモーゼス・メンデルスゾーンの本格的な全集の刊行が計画されるに至った。この全集は通常、記念全集版（Jubiläumsausgabe）と呼ばれている。[7] この時期、ヴァイマール共和国の時代の雰囲気に後押しされる形で、メンデルスゾーンはヴァイマールのユダヤ人の精神的祖先として賞賛され、それをドイツ社会も支援していたのである。ベルリンのユダヤ学アカデミーの支援のもとで刊行準備が進められた。イズマール・エルボーゲン、ユリウス・グットマン、オイゲン・ミットヴォッホを編集者とし、フリッツ・バンベルガー、ハイム・ボロディアンスキー、ジーモン・ラヴィドヴィッツ、レオ・シュトラウス、ブルーノ・シュトラウスの五人が監修者となった。

一九二九年には、メンデルスゾーンの故郷デッサウとベルリンで生誕二〇〇年の記念式典が行なわれ、全集の刊行が開始された。ベルリンではレオ・ベックによる祝賀スピーチも催された。一九三三年までに合計七冊が刊行されたが、その後、ナチス・ドイツが政権を獲得したことで、全集の出版は中止を余儀なくされた。しかし、水面下では未刊行の巻の編集作業が続行されており、その一つにはレオ・シュトラウスの編集する第三巻第二分冊の原稿も含まれていた。シュトラウスの原稿は、彼がアメリカへ渡る際に持参したため、無事に生き延びることができた。

戦後、全集の再開は、シュトラウスよりアレクサンダー・アルトマンに託されることになった。アルトマンは全集刊行のためにリサーチを重ねたが、その成果は一九七二年に出版された記念碑的作品であるメンデルスゾーンの自伝の中に現れている。メンデルスゾーン全集の出版は、一九八七年のアルトマンの死後も継続された。アルトマンの指名により、アルトマンの死後に全集出版に尽力したのはエヴァ・エンゲルである。エンゲルはヴォルフェンビュッテルにあるアウグスト・ヘルツォーク公図書館（ライプニッツやレッシングにゆかりの図書館として知られる）で編集作業のための研究調査に没頭した。記念全集版は、二〇二三年になって、ついに全三九巻の刊行が完結した。

メンデルスゾーンの生誕地デッサウでの状況についても述べておきたい[8]。一九二九年に、メンデルスゾーンの生誕二〇〇年を記念してメンデルスゾーン人文科学振興財団が結成された。メンデルスゾーンのひ孫にあたるメンデルスゾーン銀行のフランツ・フォン・メンデルスゾーンの発案によるものである。事務局には、メンデルスーン一族のパウル・フォン・メンデルスゾーン・バルトルディやロベルト・フォン・メンデルスゾーンと並んで、アルベルト・アインシュタイン、ヴァルター・グロピウス、アドルフ・フォン・ハルナック、フーゴー・ユンカース、マックス・リーバーマン、マックス・プランク、エドゥアルト・シュプランガー、アルノルト・ツヴァイクといった錚々たる面々が名を連ねている。彼らが当時のワイマール共和国を代表する人物たちであったことは特筆に値する。その後、一九三三年のナチス政権獲得により、この団体の歴史は途絶してしまう。しかし、その後、八〇年の月日を経て、エヴァ・エンゲルの尽力により会の復興が実現し、デッサウ・メンデルスゾーン人文科学振興財団として再出発した。二〇一三年よりメンデルスゾーン賞の授与式も再開され、受賞者には今日の主要なメンデルスゾーン研究者が名を連ねている。

全集と並んで、一九七二年からベルリンのメンデルスゾーン協会によって『メンデルスゾーン研究』が刊行されている。[9] モーゼス・メンデルスゾーンの思想だけでなく、音楽家のフェリックス・バルトルディ・メンデルスゾーンや、その姉のファニー・メンデルスゾーン＝ヘンゼルなど、メンデルスゾーン一族に関する文化史的研究の成果が多数掲載されている。

過去三〇年ほどのメンデルスゾーン研究の活況の状況についても述べたい。すでに触れたように、その膨大な資料調査にもとづいて近年にまで至る研究の土台を形成したのはアルトマンの自伝研究である。アルトマンは、メンデルスゾーンを近代ドイツのユダヤ人の原型として称揚したが、同時にそこに孕まれている様々な課題も十分に理解していた。

その後、九〇年代以降の研究で里程標をなしたのは、アラン・アーカッシュとデイヴィッド・ソーキンの研究である。[10] ここでの争点は、啓蒙思想とユダヤ教の関係である。アーカッシュの研究は、メンデルスゾーンを啓蒙主義の時代に特有の理神論的思考の持ち主として規定した点に特徴があった。アーカッシュによると、メンデルスゾーンの関心は、ユダヤ人を近代的市民としての生活に適合させる点にあり、メンデルスゾーンは本音の部分では理神論的であったが、伝統的なユダヤ教にとどまる仲間たちのために、一種のレトリックとしてユダヤ教擁護の議論を展開したことになる。

それに対して、ソーキンは、メンデルスゾーンを啓蒙とユダヤ教のバランスを取ろうとした人物として理解し、その両立の形態を「宗教的啓蒙主義」というキーワードで提示した。特にソーキンは、サアディア・ガオンやナフマニデスなどに代表される中世アンダルシアのユダヤ教の伝統が、理性を重視しつつ限界も設定する思想傾向や、哲学、聖書解釈、ヘブライ語、ラビ文学などを包括する総合的学習のプログラムをもっていた点で、一八世紀の宗教的な啓蒙思想と密接な関係にあることを強調した。ソーキンの研究は、メンデルスゾーンのドイツ語とヘブライ語で書かれたテキストの双方を包括的に読解することで、メンデルスゾーン研究をドイツ思想に限定されず現代ユダヤ思想を含めた広い文脈へと解放するものであった。

さて、これらの両研究に対して、ミヒャ・ゴットリープの研究は、その中間に立とうとした[11]。ゴットリープは、アーカッシュのように、メンデルスゾーンが、ユダヤの宗教伝統に対して不誠実かつ戦略的に振る舞ったとは考えず、メンデルスゾーンはユダヤの伝統的宗教概念を誠実に受けとめていたと解釈する。その一方で、ソーキンのようにアンダルシアの伝統との連続性を重視するのではなく、メンデルスゾーンが当時のドイツ啓蒙とユダヤの宗教伝統が矛盾するものではないと考えていた点に着目する。ゴットリープは、特に、メンデルスゾーンが、スピノザとマイモニデスとの関係において、どの部分を評価し、どの部分を否定したのかを徹底的に論究している。

歴史研究の分野では、ユダヤ啓蒙主義の歴史研究における第一人者であるシュムエル・ファイナーの研究が特筆すべきである。多数の研究業績があり、今日のスタンダードとなっているメンデルスゾーンのバイオグラフィーも刊行している[12]。彼の研究は、一八世紀の啓蒙主義をユダヤ人の視点から語り直している点に貴重な価値がある。彼は、メンデルスゾーン研究においては、多くの資料を用いて、その喜びや苦悩の肉声を浮かび上がらせ、不寛容に立ち向かう闘う人としての側面を掘り起こしている。また。この時代に、ユダヤ共同体のリーダーとして、伝統的なラビとは異なる、新しいユダヤ知識人が登場してきたことに注目している点などに彼の研究の独創性がある。

さらにドミニク・ブーレルの研究も特筆すべきである[13]。ブーレルは、その大著『モーゼス・メンデルスゾーン――近代ユダヤ教の誕生』(二〇〇四年)では、メンデルスゾーンの位置づけについては、ソーキン以来の流れを受けついでいる。ブーレルの研究はフランス側のコンテクストをよく押さえている点にも特徴がある。ブーレルは『エルサレム』のフランス語訳の翻訳者でもある。

以上の研究に加えて、ドイツ語圏ではアンネ・ポロックの研究がある[14]。ポロックは、フェリックス・マイナーの哲学文庫で『フェードン』の新版や『美学著作集』を編集している人物でもある。ポロックの大著『人間のファセット

――モーゼス・メンデルスゾーンの人間学について』（二〇一〇年）はゲルマニスティークの伝統に属する研究であるといえる。メンデルスゾーンの思想を歴史的文脈の中に位置づけつつ、その思想内容の一貫性を哲学的人間学として把握したうえで、メンデルスゾーンが人間の個の尊厳を重視した哲学者であったことを強調している。フロイデンタールの研究『偶像崇拝なき宗教は存在しない』（二〇一二年）も、類書の少ない貴重な研究である[15]。フロイデンタールは、宗教における儀礼や象徴の機能に注目し、メンデルスゾーンには、合理的宗教理解と並んで、この点で豊かな洞察があったことを明らかにしている。ユダヤ学の観点からの研究としては、サックスの研究が注目に値する[16]。彼は、メンデルスゾーンによるユダヤ教の儀礼解釈を重視しながら、通常はメンデルスゾーン以後に発生したとされている近代ユダヤ人の歴史意識がすでにメンデルスゾーンのうちに存在していたことを指摘する。以上のポロック、フロイデンタール、サックスの研究は、メンデルスゾーンには歴史哲学が不足しているという批判への反論を行なっているという共通点がある。

その他には、メンデルスゾーンとその一族の歴史を紹介してきたシェープスの研究、ユダヤ啓蒙主義者の活動を包括的に研究してきたシュルテの研究、メンデルスゾーンの政治哲学に注目する流れを促したベルクハーンの研究、ポストコロニアリズムの観点からのムフティの研究、宗教的寛容論に注目したアールワインの研究、対話的思考を重視するユダヤ哲学の観点からのゲッチェルの研究などを挙げることができるだろう。また、カント研究の分野ではポール・ガイヤーの研究書も特筆すべき業績である[17]。

日本での先行研究としては、古くは一九六〇年代の坂部恵や九〇年代初頭の木村競の先駆的な論文があった。その後は、独文学の領域における内田俊一や渡邉直樹による研究成果や、近世哲学史においてカント中心史観とは異なる見方を提示しようとした藤井良彦の研究が存在している[18]。

本書の構成

本書の構成について述べよう。第Ⅰ部の議論では、メンデルスゾーンの啓蒙思想をドイツ啓蒙主義（アウフクレールング）とユダヤ啓蒙主義（ハスカラー）という同心円上の中心に位置づけたうえで、その特色について明らかにする。特に、近年の研究において強調されてきたのは、ユダヤ啓蒙主義が、外部のドイツ社会の啓蒙思想をたんに受容しただけではなくて、ユダヤ教の伝統にもとづく内発性にももとづいている点である。さらに、メンデルスゾーンの思想の位置づけを明らかにするために、プロテスタント的な宗教理解を背景にもつカントと近代的ユダヤ人の先駆者であるスピノザとの対比を試みた。

第Ⅱ部では、第Ⅰ部の議論を前提して、啓蒙思想を両立させるべくメンデルスゾーンが行なった思想的格闘の軌跡を個別のテーマを通して考察していく。取り上げられるのは、魂の不死、国家と宗教、道徳の進歩といったテーマであり、その中でスピノザやカントとの関係についても改めて言及していく。

第Ⅲ部では、メンデルスゾーンの啓蒙思想や寛容思想の現代的意義について明らかにする。それぞれの章には執筆当時の時代状況（ローマ教皇ベネディクト一六世による聖戦をめぐる発言、イスラームに関連する表現の自由をめぐってオランダ・デンマーク・フランスで発生した暴力事件や抗議活動、ブレクジットやトランプ大統領の移民政策など）を反映している部分があり、二〇二三年の視点から見て過去の話題へと遠のいたところもある。しかし全体としては、グローバル化の進展の中で発生する諸問題（移民労働者とそこからもたらされる豊かな文化的多様性やホスト社会との軋轢、西欧社会における少数派の居場所をめぐる問題など）は、今日にまで続く、私たちの世界の変わらぬ課題であり続けている。これは、宗教と近代（その世界観や国家体制）の関係という大きな問題に関わっており、メンデルスゾーンは一八世紀の後半において、これらの問題に取り組んだ先駆者だったのである。そこから私たちが学びうることは大きいと言えるだろう。

本書は過去一五年ほどの間に発表した論考にもとづいている。本章の中では類似のテーマが少しずつ角度を変えながら繰り返し論じられており、比較的最近の論考の方が筆者の見解がより明確になっているところがある。情報として重複している箇所は、ある程度は整理したが、それぞれの論文の中での流れを考えて、そのまま残した部分がある。この点、ご了承いただきたい。その都度、基本的情報の解説を繰り返しているので、おそらく、どの章から読んでいただいても、それほど理解には困難を感じないはずである。それぞれの論考の成立事情については、適宜、註の中で説明した。

最後に、本研究の学問的位置づけや方法論についても一言述べておきたい。アルトマンは、メンデルスゾーンの生涯について「ユダヤ人と非ユダヤ人の双方を含めた一八世紀後半のヨーロッパの知的シーンの万華鏡」(19)であると評しているが、本来、メンデルスゾーンの多彩な活動の全体像を理解するためには、学問の方法論として、独文学、哲学、宗教学、ユダヤ学、歴史学など、総合的なアプローチが必要である。その中でも、本研究は、哲学的な宗教理解についてメンデルスゾーンが普遍的な問題を提示していると考える点で、第一義的には宗教哲学研究としての性格をもっているが、あくまで歴史的・社会的文脈の中で理解すべきであると考える点では思想史的なアプローチを取っている。また、近年のユダヤ学の成果を積極的に参照してはいるが、メンデルスゾーンの主にドイツ語著作に依拠した研究である点もご了承いただきたい。

註

(1) メンデルスゾーンは、文芸批評、美学、形而上学など、多様な領域で業績を残したが、本書では、中心テーマと関係する範囲でしか言及できないことをご了承いただきたい。

(2) Vgl. Gideon Freudenthal. *No Religion without Idolatry, Mendelssohn's Jewish Enlightenment*, Notre Dame, Indiana: University of Notre Dame Press, 2012.

(3) Hrsg. v. Eva J. Engel. Einsichten. *Ausgewählte Briefe von Moses Mendelssohn*, Dessau : Moses Mendelssohn Gesellschaft Dessau

e. V., 2004, S. 130.

（4）Ibid., S. 150.

（5）モーセ五書と詩編の翻訳のことを指している。

（6）Vgl. Günther Holzboog, Zur Geschichte der Jubiläumsausgabe von Moses Mendelssohns Gesammelten Schriften, in *Mendelssohn Studien*, Bd. 4, Berlin : Duncker & Humblot, 1979.

（7）Moses Mendelssohn, *Gesammelte Schriften Jubiläumsausgabe*（JubA）, hrsg. v. Alexander Altmann et. al., 39 vols. Stuttgart: Frommann-Holzboog, 1971–2023.

（8）Vgl. Bernd G. Ulbrich, *Moses Mendelssohn und seine Wirkungsgeschichte in Dessau, Katalog zur Ausstellung im Moses Mendelssohn-Zentrum*, Dessau-Roßlau : Moses Mendelssohn Gesellschaft Dessau e. V., 2021.

（9）*Mendelssohn Studien, Beiträge zur neueren deutschen Kultur und Wirtschaftsgeschichte*, Berlin: Duncker&Humblot, hrsg. für die Mendelssohn-Gesellschaft, 1972–.

（10）Allan Arkush, *Moses Mendelssohn and the Enlightenment*, Albany: State University of New York Press, 1994. David Sorkin, *Moses Mendelssohn and the Religious Enlightenment*, Berkeley: University of California Press, 1996.

（11）Michah Gottlieb, *Faith and Freedom, Moses Mendelssohn's Theological- Political Thought*, New York: Oxford University Press, 2011.

（12）Shmuel Feiner, *Moses Mendelssohn, Ein jüdischer Denker in der Zeit der Aufklärung*, Aus dem Hebräischen von Inge Yassur, Göttingen: Vandenhoeck & Ruprecht, 2009.

（13）Dominique Bourel, *Moses Mendelssohn, La naissance du judaisme moderne*, Paris : Gallimard, 2004.

（14）Anne Pollok, *Facetten des Menschen. Zur Anthropologie Moses Mendelssohns*, Hamburg: Felix Meiner, 2010. メンデルスゾーンの哲学的人間学をユダヤ学的なコンテキストの中で解釈したものとしては、ユレヴィッチの研究がある。Grażyna Jurewicz, *Moses Mendelssohn über die Bestimmung des Menschen, Eine deutsch-jüdische Begriffsgeschichte*, Hannover: Wehrhan Verlag, 2018.

（15）Gideon Freudenthal, op. cit.

(16) Elias Sacks, *Moses Mendelssohn's Living Script, Philosophy, Practice, History, Judaism*, Bloomington & Indianapolis: Indiana University Press, 2017.

(17) Julius H. Schoeps, *Moses Mendelssohn*, Königsstein: Jüdischer Verlag, 1979. Julius H. Schoeps, *Das Erbe der Mendelssohns, Biographie einer Familie*, Frankfurt am Main: S. Fischer, 2009. Christoph Schulte, *Die jüdische Aufklärung, Philosophie, Religion, Geschichte*, München: C. H. Beck, 2002. Cord-Friedrich Berghahn, *Moses Mendelssohns Jerusalem. Ein Beitrag zur Geschichte der Menschenrechte und der pluralistischen Gesellschaft in der deutschen Aufklärung*, Tübingen: Max Niemeyer, 2001. Aamir R. Mufti, *Enlightenment in the Colony. The Jewish Question and the Crisis of Postcolonial Culture*, Princeton/Oxford: Princeton University Press, 2007. Erlewine, Robert. Monotheism and Tolerance: Recovering a Religion of Reason. Bloomington: Indiana University Press, 2010. Willi Goetschel, *Spinoza's Modernity. Mendelssohn, Lessing, and Heine*, Madison: The University of Wisconsin Press, 2004. Willi Goetschel, *The Discipline of Philosophy and the Invention of Modern Jewish Thought*, New York: Fordham University Press, 2013. Paul Guyer, *Reason and Experience in Mendelssohn and Kant*, Oxford: Oxford University Press, 2020.

(18) 坂部恵「啓蒙哲学と非合理主義の間——メンデルスゾーン・ヤコービ・カント」『哲学雑誌』第八一巻第七五三号、一九六六年。木村競「メンデルスゾーン——普遍性への解放」廣松渉・坂部恵・加藤尚武編『ドイツ観念論前史』（講座ドイツ観念論・第一巻）弘文堂、一九九〇年。内田俊一「モーゼス・メンデルスゾーンという悲劇——ドイツ・ユダヤ人の原型」『法政大学教養部紀要』第八九号、一九九四年。渡邉直樹『レッシング——啓蒙精神の文芸と批評』同学社、二〇〇二年。藤井良彦『メンデルスゾーンの形而上学——また一つの哲学史』東信堂、二〇一七年。

(19) Alexander Altmann, *Moses Mendelssohn, A Biographical Study*, London, Portland, Oregon: The Littman Library of Jewish Civilization, 1998 (1973), p. xiii.

第Ⅰ部

ユダヤ啓蒙主義とドイツ啓蒙主義の狭間で

第一章　モーゼス・メンデルスゾーンとユダヤ啓蒙主義

はじめに——ハスカラーについて

ハスカラーと呼ばれるユダヤ啓蒙主義は、ユダヤ人が近代ヨーロッパの世俗社会へと参入する歴史的転換点を刻印づけた文化・社会現象であった。二〇世紀後半以降のユダヤ研究において近代初期のユダヤ人の啓蒙運動を意識的にハスカラーというヘブライ語で表現するようになった背景には、ヨーロッパの啓蒙主義運動の単なる特殊事例につきないユダヤ啓蒙主義の独自性を重視しようとする意図があったといえる。ユダヤ人に対して文化や政治の側面で新しい方針を提示したハスカラーの運動は、ユダヤ社会の内部の視点から見た場合には同時期のハシディズムと並んで、伝統的なラビの権威を揺るがす影響力をもっていた(1)。

本章では、近年の研究が明らかにしたハスカラーの概要を概説し、その中でのモーゼス・メンデルスゾーンの位置づけについて改めて考えてみたい。

一　近年のハスカラー研究から

最初に、ハスカラーの幾つかの特徴について確認しておこう。ハスカラーは、ヘブライ語における「啓蒙」に対応する言葉である。理性と訳されることが多い名詞「セヘル」と共通の語根をもっており、使役動詞を名詞化したものである。ハスカラーの担い手たちは、ハスカラーと共通の語源をもつ名詞を使って、マスキリーム（賢き人たち）と呼ばれていた。ハスカラーの代表者としては、一八世紀後半のモーゼス・メンデルスゾーンを中心とした活動が有名だが、ハスカラーは、一八世紀の西ヨーロッパから一九世紀後半のロシアまで続いた息の長い運動であった。メンデルスゾーンは、一般的には、ベルリンの啓蒙主義とハスカラーの双方の象徴的存在であると見なされてきた。ここで注意すべきは、ハスカラーは、ヨーロッパ啓蒙主義の一方的受容者ではなくて、ユダヤ人自身の長い歴史に根差した自律的運動としての側面をもっているという点である。つまり、ユダヤ人による啓蒙主義運動には外発的側面と内発的側面の双方が存在するのである。

ハスカラーは、内的にはユダヤ教の合理主義の伝統を再発見しつつ、外的には知的孤立状態を抜け出して世俗的知識や周辺の文化へと自らを開いていうとする志向性をもっていた。このような目的を達成するために、ユダヤ人子弟のための教育改革、大学への入学、世俗の学問の吸収、ヘブライ語とヨーロッパ諸語の学習、マイモニデスに代表される中世ユダヤ哲学の合理主義の伝統の研究などが行なわれたのである。

現在のハスカラー研究は、デイヴィッド・ソーキンやシュムエル・ファイナーたちによって牽引されてきた。彼らの主張の要点を紹介すると以下の通りである。(2)

（一）ハスカラーの評価はユダヤ人にとっての近代をどのように理解するかという問題と深く関係している。そのため、一九世紀から二〇世紀にかけては、ハスカラーは、その時々のユダヤ人の政治的状況に応じて、多かれ少なかれイデオロギーとの深い結びつきの中で解釈されてきた。このような後世の視点を離れて、ハスカラーを一八世紀の文脈の中で理解する必要がある。

(二) ユダヤ啓蒙主義を、ヨーロッパの啓蒙主義から切り離されたものとしてではなく、その一部として理解しなければならない。ハスカラーにおける近代性をどう理解するにせよ、ハスカラーを特殊にユダヤ的なものと考える立場と、ハスカラーは外部のヨーロッパ世界に由来するものであるという立場の二つを調停する必要がある。

(三) カッシーラーやピーター・ゲイなど、古典的な啓蒙主義研究では、啓蒙主義運動における宗教の位置づけを低く評価するものが多かった。啓蒙主義とは本来世俗的なものであるという主張が強かったのである。しかし、宗教的動機に支えられた啓蒙主義や宗教に親和的な啓蒙主義など、宗教的啓蒙主義（Religious Enlightenment）の現象にも注目しなければならない。この点では、ハスカラーは、当時のプロテスタントやカトリックの啓蒙主義運動と比較検討しうる要素をもっている。

(四) 従来のハスカラー研究は、一七八〇年代前後のベルリンやケーニヒスベルクでの文化・社会現象がテーマの中心であったが、それに先立つ初期ハスカラーの現象に留意する必要がある。ソーキンは、初期のハスカラー（一七二〇―一七七〇年）と後期のハスカラー（一七七〇―一八〇〇年頃）を区分して、初期のハスカラーを知的刷新運動として、後期のハスカラーを政治的改革運動として特徴づけている。

(五) モーゼス・メンデルスゾーンの位置づけを正当かつ正確に評価する必要がある。かつてのように、ルターのような存在として神話的に称揚する評価は是正されねばならないが、二〇世紀後半のいくつかの研究のように、その存在意義を相対化しすぎることもまた不正確である。

二　初期ハスカラーから後期ハスカラーへ

ソーキンの見立てでは、ハスカラーの淵源は一六世紀東欧のアシュケナージによるタルムード学や教育システムへの改革運動にまでさかのぼることができる。彼らは、合理的な学習順序（聖書からタルムードへ）を重視し、聖書を詭弁ではなくて（いわゆるピルプルへの批判）プシャットの方法で解釈することを強調した。また聖書解釈のためにヘブライ語文法の学習を重要視し、宗教と大きく対立しない限りで世俗の学問や数学教育を導入しようとした。一六世紀プラハのラビ、ユダ・ベン・ベツァレル・レーヴェがその代表者である。

初期ハスカラーと後期ハスカラーについて、ここで少し詳しく紹介しておこう。一八世紀前半の初期ハスカラーの代表者たちは、ソロモン・ハーナウ、アシェル・アンシェル・ヴォルムス、イスラエル・ザモシチ、アーロン・ゾロモン・グンペルツ、ナフタリ・ヘルツ・ヴェセリといった人物たちである。特にザモシチやグンペルツは若き日のメンデルスゾーンに影響を与えた人物である点が注目に値する。[3] ヴェセリは、ハプスブルク皇帝ヨーゼフ二世の寛容令に触発を受けたことで『平和と真実の言葉』を出版し、ユダヤ人子弟の教育改革に一石を投じた人物として有名である。メンデルスゾーンとヴェセリの主張には類似の点も多かったが（ヘブライ語とドイツ語をそれぞれ独立に使いこなす能力の醸成など）、メンデルスゾーンと比べた場合、保守的なラビたちからのヴェセリに対する批判はきわめて厳しいものがあった。

初期のハスカラーの関係者たちの中には、ザモシチやヴェセリのような独学者もいれば、ドイツの大学で医学教育を受けたグンペルツのような人物もいた。ソーキンも指摘するように、概して、彼らの活動は個々の独立した動きであることが多かった。[4] これは、マスキリームの団体を発足させた後期ハスカラーの担い手とは異なる点である。

モーゼス・メンデルスゾーンは、初期ハスカラーから後期ハスカラーへの橋渡しをした人物であるといえる。後期ハスカラーの特徴は、知的刷新運動にとどまらず、政治的改革運動としての性格をもっていた点にある。ユダヤ人の市民権獲得や開放というテーマが現実味を帯びてきており、最終的には、プロイセン政府に対して自ら提言をし、国家にとっていかに有益な市民となるか、という議論を行なう人物まで現れるに至った。

後期ハスカラーの担い手は、モーゼス・メンデルスゾーンに共感する若きユダヤの青年たちであり、その活動の中心はケーニヒスベルクやベルリンにあった。ケーニヒスベルクでは、ハスカラーを信奉するユダヤの青年たちによって、一七八二年に「ヘブライ語解釈者たちの会」が設立され、一七八三年にはヘブライ語の雑誌『ハ・メアセフ』（一七八三—一八一一年まで）が創刊された。雑誌の目的は初期ハスカラーの知的刷新運動の理念を実現するところにあった。この会の中心人物はイザーク・オイヒェル（イツハク・アイヘル）やメンデル・ブレスラウであり、彼らの多くはカントが教鞭をとるケーニヒスベルク大学で哲学を学ぶ青年たちであった。実際、カントと直接の交友関係をもっていた人物たちも少なくなかった。若き彼らを助けたのは、富を蓄えつつあったユダヤの商人たちであり、ダーフィット・フリートレンダーはマスキリームたちのパトロンとして大きな影響力をもった。フリートレンダーは、ユダヤ人子弟のための教科書（『ユダヤ人子弟のための読本』、一七九九年、ドイツ語とヘブライ語で作成されている）を作成し、ベルリンに自由学校を設立した。

後期ハスカラーは、最終的に、経済的成功を収めた人物たちからの文化的支援を受けることができなくなったことで終焉を迎えることになった(5)。

三　モーゼス・メンデルスゾーンの位置づけ

すでに述べたように、メンデルスゾーンは、初期ハスカラーから後期ハスカラーへの移行期に位置する人物であったといえる。彼の学問的出発点は、初期ハスカラーの知的な刷新運動の雰囲気の中にあった。彼はベルリンに出て名声を獲得し、ユダヤ人社会の代弁者として認知されるに至って、徐々にユダヤ人の地位向上のための政治改革にも関係するようになった。しかし、メンデルスゾーンは、ユダヤの律法を捨ててまで市民権を得ようとは全く考えておらず、市民となるためにプロイセン国家に対する過剰な譲歩を行なおうとした後の世代の人びととは一線を隠していた。

以下に、メンデルスゾーンの啓蒙活動の内実について考えるための論点を幾つか提示する。

(一) デッサウの知的基盤

メンデルスゾーンはベルリンに来て始めて知的に開花したのではない。すでにデッサウにはアシュケナージの知的基盤があり、初期ハスカラーの圏内にあったといえる。

デッサウが文化的に開花期を迎えるのは一六—一七世紀である。アンハルト侯が新教に改宗したことがその転換点となった。その後も、比較的寛容で啓蒙主義的な政策を取る領主たちが続いた。その中でも、ヨハン・ゲオルク二世とその妻ヘンリエッテ、レオポルド一世などが有名である。デッサウの領主たちが三〇年戦争の荒廃から立ち直るためにユダヤ人の経済力を必要としたことや、ヘンリエッテがオランダからやってきた人物であったことで自由と改革の気風をデッサウにもたらしたことなどが、背景にあったといえる。

メンデルスゾーンの父はトーラーの筆写者であり、決して裕福とはいえない家庭状況にあったが、母方は名家の系譜に属しており、デッサウの知的環境を整備するうえで重要な役割を果たしてきた人物を輩出している。

メンデルスゾーンの母親の祖先は、クラクフのモーゼス・イッセレルスにまでさかのぼることができる。ヴルフ家の中でも特にモーゼス・ベンヤミン・ヴルフの活動は言及に値する。彼はその地域の唯一の宮廷ユダヤ人であり、財政や流通に関係する幅広い仕事を担当していた。モーゼス・メンデルスゾーンの母方はこのヴルフ一族に属するわけだが、彼の名前がモーゼスと名付けられた背景には、モーゼス・イッセレルスとモーゼス・ベンヤミン・ヴルフの存在があったものと考えられる[6]。ヴルフは、学校を設立し、学者たちを無償で滞在させ、ヘブライ語出版物の印刷工場を立ち上げた。このことはデッサウを学術の中心地の一つにするうえで多大な貢献があった。一七四二年にはヴルフの印刷所でマイモニデスの『迷える者の導き』（以下、『導き』と略称）の新版が印刷された。その他にも多様なヘブライ語の出版物が刊行されていた。その内容は、ヘブライ語の文法書、辞書、旅行記、天文学や地理学の書物からカバラ文献にまで及んだ。こうした知的雰囲気の漂う町で少年時代のモーゼスは過ごしたのである。特に、この時期にマイモニデスの『導き』に取り組みはじめたことが彼の論理的思考の土台を形成することになった。この点で名前を挙げておく必要があるのはラビのダーフィット・フレンケルである。フレンケルは一七三一年にデッサウのラビとして着任し多くの弟子を育てた。デッサウ時代にはマイモニデスの『導き』『ミシュネー・トーラー』や『エルサレム・タルムード』のコメンタリーの出版を行なっている。一七四三年にフレンケルはデッサウを去り、最終的にベルリンへ赴くことになった。よく知られているように、当時一四歳のメンデルスゾーンはフレンケルの後を追ってベルリンへ向いイエシヴァでの勉強を続けることになった[7]。

(二)　ヘブライ語とドイツ語による啓蒙活動

当初、メンデルスゾーンは、ユダヤ教に関係する事柄はヘブライ語の出版物でのみ執筆しており、それはユダヤ人共同体内部に向けられたものであった。

中世ユダヤ哲学の古典を引きながらユダヤ人の間に道徳的関心を呼び覚まそうとした『コヘレット・ムーサー』（一七五五年）やマイモニデスの論理学用語に関するコメンタリー（一七六〇―一七六一年）などが主要な仕事である。一七六九年には伝導の書の注釈も開始しており、これはモーセ五書のヘブライ文字によるドイツ語訳の先駆けになったといえる。

他方で、一七五〇年代から一七七〇年にかけて、メンデルスゾーンはドイツ語によって精力的に啓蒙的著作を執筆し続けた。これらの仕事は外のドイツ社会に向けられたものであった。レッシングやニコライとの共同作業を通して『美学・自由学芸文庫』や『最新のドイツ文学に関する書簡』に小論や批評を続々と発表し、ドイツ社会における啓蒙主義の一般化（通俗化）に大きな貢献をした。哲学の上では『哲学的対話』（一七五五年）や『フェードン』（一七六七年）などの作品がよく知られている。メンデルスゾーンの哲学的基盤はライプニッツ・ヴォルフ哲学であり、ヴォルフ哲学に対して美学的要素を付け加えた点では、メンデルスゾーンは、ヴォルフ哲学の後継者であるバウムガルテンと同時代性をもっていたともいえる。

一七六九年から一七七〇年にかけて、ラーヴァターによるキリスト教への改宗要求という事件が発生するが、この後もしばらくの間は、メンデルスゾーンはユダヤ教についてドイツ語で積極的に語るには至っていない（一七七一年にはベルリン王立科学アカデミーへの会員推薦が最終的にフリードリヒ大王によって拒否される結果となり、これはメンデルスゾーンの心にかなりの痛手を残した）。

メンデルスゾーンがドイツ語で自分のユダヤ教に対する立場を本格的に表明し始めたのは、クリスチャン・ドームの『ユダヤ人の市民的地位の改善について』（以下、『市民的地位』と略称）を補足する意味で出版した『メナセ・ベン・イスラエルのユダヤ人の救済への序文』（一七八二年）からである。その後、この序文をめぐる論争を経て、一七八三年には『エルサレム』が出版されるに至った。序文が出版された一七八二年は、オイヒェルによって「ヘブライ語解釈者たちの会」が設立され、ヴェセリによって『平和と真実の言葉』が出版された年でもある。

また一七八八年には、ヘブライ文字によるモーセ五書のドイツ語訳『セフェル・ネティボット・シャローム』（平和への道筋の書）のための解説（『ビウール』）の序論が出版され、一七八〇年には第一巻が刊行された（一七八三年に完成）。これは、最初は息子の聖書学習のために私的に翻訳していたものが、メンデルスゾーン家でヘブライ語の家庭教師をしていたドゥブノーの働きかけもあり、壮大なプロジェクトへと発展したものである。この翻訳は、ヘブライ文字によるドイツ語翻訳の形式を取っており、ヘブライ文字しか読むことができないユダヤ人社会内部に向けて出版された性格が強いといえる。純粋なヘブライ語と純粋なドイツ語の併存というメンデルスゾーンの理想が体現されたものとも解釈できるだろう。一七八三年には詩編の翻訳も出版されているが、これは専らドイツ語話者に向けて書かれたものであった。

（三）ユダヤ人共同体の代表者としての仲裁活動

一七七〇年代には、メンデルスゾーンは、その国際的な名声を生かして、各地のユダヤ人共同体が抱える問題の調停・仲裁・救済活動を行なっている。その活動を紹介しよう。それらの活動の多くは近代の（半）世俗国家とユダヤ人の宗教共同体の関係を調整しようとするものであり、これらの具体的な活動は、著作の出版と並んで、メンデルスゾーンのハスカラーにおける役割を示すものであるといえる。[8]

一七七二年に、メックレンブルク・ジェヴェリーンのユダヤ人共同体の要請を受けて、ユダヤ人の早期埋蔵の禁止撤回に関する仲裁活動を行なった。メンデルスゾーンの妥協案は、ユダヤ人は伝統的な埋蔵習慣を続けてもよいが医師による死亡証明を必要とする、というものであった。この時期にメンデルスゾーンとユダヤ人共同体やヤーコプ・エムデンとの間で交わされた書簡は、後に（一七八五年）、イザーク・オイヒェルによって、『ハ・メアセフ』に掲載された。カントの弟子であるユダヤ人医師のマルクス・ヘルツは『ユダヤ人の早期埋葬について』という書物を執筆し、このような医学的根拠にもとづかない習慣を続けることはユダヤ人の解放を妨げるものであるという主張を展開した。

一七七五年には、定住可能なユダヤ人の人数を制限する決定の撤回のためにスイスのユダヤ人共同体が助けを求めてきた際に、メンデルスゾーンは、かつての改宗要求事件のしこりはあるものの、ラーヴァターに対して、急ぎ書簡を送り、執り成しを求めている。

一七七六年から一七七七年にかけて、メンデルスゾーンは、ドレスデンで多くのユダヤ人たちが法外な住民税が払えずに追放されている現状を批判し、ユダヤ人にも当然認められるはずの自然権を根拠にして彼らを擁護した。ドレスデンのユダヤ人共同体は、メンデルスゾーンが一七七一年にザクセンの大臣フリッチェとポツダムで会見したことがあることを知っていて、救済を求めてきたのだった。

一七七七年には、メンデルスゾーンはケーニヒスベルクへ赴き当地の共同体の仲裁の手助けをした。当時ケーニヒスベルクではプロイセンの役人によるシナゴーグでの祈祷の監視が行なわれていた。この監視役を担当していた東洋学者のキュプケにより、ユダヤ人たちが祈祷の中で反キリスト教的であるとして禁止されている文言を唱えているとの疑義が提出された。メンデルスゾーンは、その祈りの文言（Aleinu の祈り）はキリスト教以前の時代に由来しており、反キリスト教的ではなく迷信を批判しているのだと主張し、監視の撤回を求めた。ちなみに、この旅ではメンデルスゾーンはカントを訪問し、その講義を聴講している。

一七七〇年代に、プロイセン政府は、財産に関するユダヤ人共同体の司法権を停止し、ユダヤ法を参照しながらプロイセンの裁判所内で裁判を実施するにあって、ユダヤ人の共同体に対してユダヤ法の概説を提出するように要求した。メンデルスゾーンは、ベルリンのラビ・ヒルシェル・レヴィンとの共同作業によって、一七七八年にユダヤ法の概説書である『ユダヤ人の儀礼法』を提出した。

一七八〇年には、アルザスのユダヤ人共同体が、メンデルスゾーンに対して共同体を公的に擁護するよう支援を求めてきた。メンデルスゾーンはクリスチャン・ドームに協力を依頼し、意見書を作成した。二人は意見書の中でユダヤ人への職業上の制限を緩和するように要求した。これが契機となって、後にドームは『市民的地位』を執筆することとなった。

おわりに――後期ハスカラーと晩年のメンデルスゾーン

後期ハスカラーにおいてはユダヤ人の青年たちが発刊した『ハ・メアセフ』が機関紙的な役割を果たした。一方で、よく知られているように、ドイツ・ベルリンの啓蒙主義では、知識人や官僚たちの秘密サークルであった「ベルリン水曜会」と、その会が母胎となって刊行されていた雑誌『ベルリン月報』が中心的役割を果たした。

メンデルスゾーンは、一七八三年にはベルリン水曜会の名誉会員となっており、内部の議論を知ることができる立場にいた。一七八四年には「啓蒙とは何か」という問いをめぐって、メンデルスゾーンとカントの双方からその答えに関する小論が発表された。特にメンデルスゾーンの論考に特徴的であるのは、進歩史観や啓蒙主義への楽観論が見られない点である。メンデルスゾーンは、神秘主義や狂信的なロマン主義だけでなく、極端な風刺にもとづくフランス啓蒙主義のラディカリズムが、合理的で健善な議論を軽視することに対しても批判的であった。ここには、真の啓蒙主義を守るために、啓蒙主義の限界や危険性を認識しようとする問題意識がある。

メンデルスゾーンは啓蒙に関する論考の中で、啓蒙（科学的認識）と文化（習俗・習慣）のバランスを重視している。メンデルスゾーンは、啓蒙の側の突出した発展が人間社会を必ずしも幸せにするわけではない点に注意を喚起している。メンデルスゾーンの次の発言も、筋金入りの啓蒙主義者が偏見の持ち主を一刀両断に切り捨てることで社会を不安定にするリスクについて言及したものといえる。「……宗教と道徳の原則を破壊することなしには、ある種の有益で人間を輝かしい存在とする真理が拡大することが許されないのであれば、道徳を愛する啓蒙主義者は細心の注意をもって振る舞うことになるだろうし、偏見と深く絡み合っている真理を一緒くたにして追い出してしまうよりは、むしろ偏見を大目に見ようとするだろう」（JubA. VI, 118）。合理的に考えた場合にはいかに馬鹿げたものと見える慣習であったとしても、それが社会の道徳の維持に役立っているのであれば、無思慮に一蹴してはならない、という主張であろう。

メンデルスゾーンは啓蒙に関する論考の中で、人間存在全般に対する啓蒙論が現実の市民としての地位向上と必ずしも連動しないことを指摘している（JubA, VI, 117）。この時期のメンデルスゾーンは、専制君主による啓蒙政策によっても容易には改善しないユダヤ人の市民的地位に関する困難な状況への認識を深めていたといえるだろう。啓蒙という名の一方的同化政策の危険性についてもメンデルスゾーンは十分に理解していた。

一七七〇年代の段階ではメンデルスゾーンにはユダヤ人の状況が改善しつつあることへの希望的観測があったが、晩年のメンデルスゾーンは依然として根深いユダヤ人差別の状況に悲観的な見解を抱いていたようである。一七八四年に書かれたヘルツ・ホンベルク宛ての私信では、メンデルスゾーンは為政者の改革に対して懐疑的発言を残しており、甘い顔をした寛容愛好者にこそ用心しなければならない、と述べている（JubA, XIII, 233）。ファイナーは、こうしたメンデルスゾーンの悲観論の一つの理由として、一七八三年に出版された『エルサレム』が期待したほどの反応を得られなかったことを挙げている[9]。すでにドイツでは啓蒙主義批判の機運が盛り上がりつつあり、一七八五年にはヤコービによって汎神論論争が開始されることになった。一七八二年を啓蒙主義の総決算がなされた年と見なすなら、その直後に発生した時代の機運の転換はかなり急激なものがあった。「啓蒙とは何か」という問いかけは、夕暮れに飛び立つミネルヴァのふくろうが投げ抱けた疑問だったのである。

註

（1）Adam Shear, "Jews and Judaism in Early Modern Europa" in: Edited by Judith Baskin and Kenneth Seeskin, *The Cambridge Guide to Jewish History, Religion and Culture*, Cambridge: Cambridge University Press, 2010, p. 165.

（2）Cf. David Sokin, *The Berlin Haskalah and German Religious Thought*, London/Portland, Oregon: Vallentine Mitchell, 1997. David Sorkin, *The Religious Enlightenment*, Princeton/Oxford: Princeton University Press, 2008. Shmuel Feiner, *The Jewish*

Enlightenment, Philadelphia: University of Pennsylvania, 2002. Edited by David Sokin and Shmuel Feiner, *New Perspectives on the Haskalah*, Oxford/Portland, Oregon: The Littman library of Jewish Civilization, 2001.

（3）グンペルツは、フランクフルト・アン・デア・オーダーで一七五一年にユダヤ人として（最初の）医学博士号を取得した人物で、学者にして宮廷ユダヤ人であった。レッシングの戯曲『ユダヤ人』は彼をモデルにして書かれたと言われており、グンペルツはメンデルスゾーンをドイツの文人たち（その一人がレッシング）に紹介した。グンペルツはメンデルスゾーンがベルリンで世俗の学問を学ぶ手助けをした。

　ザモシチは、ガリチアからベルリンにやってきたユダヤ人で、タルムード学に入る前提として数学や天文学を学ぶことの必要性を主張し、さらに中世ユダヤ哲学のコメンタリーを刷新することで、ヘブライ哲学を当時の科学と両立可能なものへと変革しようとした。ザモシチはマイモニデスの『迷える者の導き』の哲学用語に関するコメンタリーを出版しており、メンデルスゾーンのマイモニデス解釈に影響を与えている。

（4）David Sokin, *The Berlin Haskalah and German Religious Thought*, op. cit. p. 111.

（5）David Sorkin, *The Religious Enlightenment*, op. cit. pp. 212–213.

（6）Alexander Altmann, *Moses Mendelssohn*, London/Portland, Oregon: The Littman library of Jewish Civilization, 1973, p. 8.

（7）メンデルスゾーンの祖先の歴史の解明は、マックス・フロイデンタールの研究に負うところがきわめて大きい。フロイデンタールは、一八九三年から一九〇〇年にかけてデッサウでラビとして活動したが、その間にモーゼス・ベンヤミン・ヴルフの印刷所が発行した出版物のすべてを詳細に調査した。その後、アレクサンダー・アルトマンがフロイデンタールの研究を受けつぎ今日に至っている。

（8）国家の世俗化が進行しつつあったとはいえ、政府とキリスト教の密接な関係などを考えるならば、このような言い方（半世俗国家）をした方が適切といえよう。

（9）Shmuel Feiner, *Moses Mendelssohn*, Göttingen: Vandenhoeck & Ruprecht, 2009, S. 174–175.

第二章　カントとメンデルスゾーンにおける啓蒙と宗教の関係

はじめに

本章では、カントとメンデルスゾーンの関係について啓蒙と宗教の観点から考察したい。

メンデルスゾーンは一八世紀ベルリンの啓蒙主義の中心人物であるが、彼に関してドイツ啓蒙からの一方的影響のみを指摘するのは一面的である。メンデルスゾーンの啓蒙論は、ハスカラーと呼ばれるユダヤ啓蒙主義とドイツ啓蒙主義のアウフクレールングの接点に存在する。この二つの視点は、メンデルスゾーンが啓蒙主義運動において特異な立場に置かれていたことを示している。つまり、当時のドイツ社会から見た場合、メンデルスゾーンは、啓蒙する側のドイツ社会と啓蒙される側のユダヤ人共同体の双方の代表者であると見なされていたのである。この場合、ユダヤ人たちは、ユダヤ教という時代遅れの宗教に固執しているがゆえに啓蒙されるべき存在であると見なされたのであった。その結果、啓蒙知識人でありながらユダヤ教を順守し続けようとするメンデルスゾーンに対して、ドイツ社会からは、しばしば、その矛盾を指摘する声が上がることになった。特にその場合に問題視されたのはユダヤ教における律法（儀礼法）の存在であった。しかし、逆に言えば、そのような非難に抗して、ユダヤ教と啓蒙思想は矛盾しないことを主張するところにこそ、メンデルスゾーンの主張の核心があったといえる。

こうしたメンデルスゾーンの啓蒙に関する立場は今日的に見ても重要である。特にヨーロッパでは、域内のムスリムの人々の存在感が大きくなるにつれて、啓蒙主義に由来する西欧の世俗的価値観と宗教との関係が改めて関心の対象となっているが、現代西欧のムスリムと近代西欧のユダヤ人は、いくつかの問題意識を共有している。その一つには、啓蒙主義の普遍性は多様な人びとを均質化することなく包括しうるものであったのか、という問いがある。[1]実際、メンデルスゾーンは、寛容という名の同化政策のもとでユダヤ人が独自の宗教文化を放棄せざるをえない危険性を憂慮していたのである。[2]

メンデルスゾーンの啓蒙論は、啓蒙主義を逆手に取ってユダヤ教を批判する人びとを意識して主張されている側面がある。メンデルスゾーンはその特異な立ち位置のゆえに、啓蒙の可能性と限界の双方を認識していたといえるのではないだろうか。この点について、カントとの対比の中で考えてみたい。[3]

一　モデレイト（穏健）な啓蒙主義とハスカラー（ユダヤ啓蒙主義）の内発性

啓蒙といえば、『ベルリン月報』に掲載された啓蒙に関するカントやメンデルスゾーンの論考がよく知られているが、そこでの議論の背景を理解するためにも、メンデルスゾーンの啓蒙思想をめぐるコンテクストについて、いささか長い解説を行いたい。

オランダ史家のイスラエルの著作名にもあるように、啓蒙近代と宗教の対立関係を強調するスピノザ流の立場は、しばしばラディカル（急進的）な啓蒙主義（Radical Enlightenment）と呼ばれている。それに対して、啓蒙近代と宗教の両立可能性を主張する立場はモデレイト（穏健）な啓蒙主義（Moderate Enlightenment）と呼ばれており、メンデルスゾーンはこちらの立場に属する。イスラエルは、ラディカルな啓蒙主義の立場をスピノザ主義として理解するが、その内容は、唯一実体の形面上学にもとづいたうえで、世俗的な哲学的理性を人生の唯一の導き手とし、平等な社会、哲学・道徳科学の神学からの徹底的独立、思考や表現の自由を主張し、デモクラシーを最善の政体として考えるものであった。イスラエルによると、スピノザ主義的な立場は、ホッブズ、ロック、ヒューム、ヴォルテール、さらにはフリーメイソン的なものとは全く異なっているのである(4)。

メンデルスゾーン研究の文脈に話を戻すと、メンデルスゾーンの記念全集で汎神論論争の巻などの編集を担当したレオ・シュトラウスは、スピノザの宗教批判をラディカルな啓蒙主義として解釈した。この場合、スピノザとの対比において、啓示と理性の両立可能性を探ろうとするメンデルスゾーンはモデレイトな啓蒙主義者として性格づけられることになる。シュトラウスは、ヤコービの『スピノザ書簡』での主張のように、啓示と理性の間を折衷主義的に媒介することなく、その二元的対立を際立たせようとするわけだが、理性と啓示の関係はこれのみに尽きるわけではないだろう。啓蒙主義の理性は必ずしも宗教と背反するわけではないのであり、この点を重視して、ユダヤ啓蒙主義の研究者ソーキンは、メンデルスゾーンの啓蒙論を宗教に親和的な啓蒙主義として解釈している(5)。

ソーキンは、この宗教的啓蒙主義を、ユダヤ啓蒙主義とも翻訳されるハスカラーの初期の特徴として理解する。ソーキンの見立てによると、ハスカラーは初期においてはユダヤ教の教育カリキュラムの新運動としての性格が強かったが、次第に政治的改革運動へと変化した。メンデルスゾーンはその転換期に活動したことになる。

ところで、ここで強調すべきはユダヤ啓蒙主義の内発性である。ハスカラーは、ユダヤ人自身が過去の宗教伝統の中から合理主義の潮流を汲みだしてきたことで誕生した。ユダヤ人と啓蒙の関係は決して外部からの受動的影響にとどまるものではない。その意味でも、メンデルスゾーンはベルリンに来てから初めて知的な洗礼を受けたのではなくて、デッサウにはすでに知的地盤があったのである。デッサウは、当時、ユダヤ人共同体の中では一つの知的センターを形成していた。メンデルスゾーンの母方は由緒ある系譜に属している。その祖先は、ユダヤ教の法体系の書物となっている『シュルハン・アルーフ』に関する注釈書を編纂した一六世紀のクラクフのモーゼス・イッセルレスにまでさかのぼる。さらに、母方のモーゼス・ベンヤミン・ヴルフは有名な宮廷ユダヤ人であり、印刷所を開設するなど、デッサクの知的基盤を整備するうえでも大きな役割を果たした。デッサウでは、メンデルスゾーンはラビ・フレンケルのもとでマイモニデスについて学んでおり、メンデルスゾーンにとって、これは合理主義的な思考の一つの基盤を形成することになった。フレンケルはヴルフの印刷所でマイモニデスの『ミシュネー・トーラー』の再版を行なっている。メンデルスゾーンは、フレンケルの跡を追ってベルリンへと旅立つことになったわけだが、ベルリンでもメンデルスゾーンは数多くのユダヤ知識人から学問的刺激を受けている。ここでは二人の名前を挙げておこう。一人目はザモシチである。ザモシチはメンデルゾーンにマイモニデスのみならずユークリッド数学の手ほどきもした。二人目の人物としてはグンペルツに触れる必要がある。グンペルツはレッシングの戯曲『ユダヤ人』のモデルとなった人物であり、メンデルスゾーンをレッシングに紹介した人物でもある。グンペルツはメンデルスゾーンに対してフランス語と英語の手ほどきを行なっている。ザモシチもグンペルツも、ハスカラーの初期世代の一人であり、メンデルスゾーンをユダヤ教と世俗の学問の双方へと導くことになったのである。

ところで、メンデルスゾーンの生涯を概観した場合、前半生と後半生の転換点にあるのは、いわゆるラーヴァター事件である。ラーヴァター事件とは、観相学でも知られるスイスの牧師のラーヴァターが、メンデルスゾーンに対してユダヤ教徒にとどまる理由を対外的に説明するように要求した事件を指す。つまり、メンデルスゾーンは、懸賞論文や『フェードン』の成功によって注目を集めることになった結果、その後半生においては、当代を代表する啓蒙知職人であるにもかかわらず、なぜユダヤ教徒であり続けるのか、という批判にさらされることになったのである。それゆえに、晩年の「エルサレム』では、近代化の進む西欧世界の中でユダヤ教徒であり続ける理由について本格的な考察が展開されることになった。

メンデルスゾーンは、一七七〇年代の初頭に、ラーヴァター事件に続いてフリードリヒ二世によるベルリン王立科学アカデミーへの推挙拒否事件にも見舞われることになったわけだが、一方でこの時期のメンデルスゾーンは、ユダヤ人共同体を代表する存在として各地のユダヤ人共同体の抱える問題を調停する活動に従事しつつあった。一七七七年にメンデルスゾーンはケーニヒスベルクのカントのもとを訪問しているが、それは一連の調停活動の合間をぬって行なわれたものだったのである。

ケーニヒスベルクに関して一言触れておくべきことは、ファイナーの指摘により最近では広く認知されるようになってきたが(6)、当時ケーニヒスベルクでカントの近くにいたメンデルスゾーンの弟子世代の若きユダヤ人たちは、この時期のハスカラーの担い手であったという点である。オイヒェルがその代表者であるが、彼らは「ヘブライ語友の会」を設立し、メンデルスゾーンの理想に従って、美しいドイツ語と美しいヘブライ語を使いこなすバイリンガルを増やすことを目指して、ヘブライ語の雑誌『ハ・メアセフ』を刊行した。この時期のユダヤ人の学生たちにとっては、このバイリンガルの能力こそが近代ユダヤ人がドイツ社会で活躍するための理想の形態だったわけである。

このような啓蒙活動が、ケーニヒスベルクのカントとベルリンのメンデルスゾーンに思考を触発された人びとによるものであったことは注目すべき点である。オイヒェルは、（医学以外の）人文系の学問を大学で学んだユダヤ人学生のパイオニアである。彼は、ベルリンで育った後、ケーニヒスベルクのフリートレンダー家で家庭教師をしていたが、一七八二年からケーニヒスベルク大学に籍を置き、東洋言語学のケーラーと哲学のカントから強い影響を受けた(7)。一七八四年にはベルリンでメンデルスゾーンと対談し、その思想に強い感銘を受けている。オイヒェルはヘブライ語でメンデルスゾーンに関する最初のバイオグラフィーを書いた人物だが、このバイオグラフィーは当初は『ハ・メアセフ』の中で発表されたものであり、そこには『エルサレム』の抜粋的翻訳も収録されていた。オイヒェルたちはこのような各種の試みを通してメンデルスゾーンの理想を広めようとしたのである。

二　『エルサレム』での律法の擁護とカントの評価

メンデルスゾーンの『エルサレム』には、メンデルスゾーンが、啓蒙とユダヤ教を両立させようとして苦闘した思索の成果が結実している。『エルサレム』執筆の直接的契機はアウグスト・フリードリヒ・クランツとの論争にあった。クランツは、ユダヤ教には多くの宗教的強制が存在するように見えるにもかかわらず、メンデルスゾーンが『エルサレム』に先立つ著作で宗教権力への批判を行なったことは、メンデルスゾーンがユダヤ教に固執することと矛盾するのではないか、という批判を行なった。これにどう反論するかが『エルサレム』の課題となったのである。『エルサレム』については、宗教的確信がいかなる強制からも自由であることを主張した第一部の議論は高く評価しながらも、ユダヤ教の律法の存在意義を擁護する第二部の議論には否定的であるといった議論や、両者の議論の間には齟齬があると主張する解釈が存在してきた。『エルサレム』に関するカントの評価も、主に第一部の議論のみを評価するものである。よく知られているようにカントは、フリートレンダー宛の（一七八三年八月一六日付）で、メンデルスゾーンが『エルサレム』第一部で展開した議論を次のように激賞している。

私が貴著『エルサレム』を拝読しまして、その聡明、精緻、怜悧にどんなに驚嘆したかは、フリートレンダー氏がお伝えすることでしょう。……あなたは、どんな宗教にとっても、無制限な良心の自由が必要であることを全く徹底的に論じられましたので、遂には私たちの教会の側としましても、良心を苦しめ抑圧しうるすべての事柄をどのように切り離していったらよいのかを考えざるをえません。こうすることが、結局は、本質的な信仰箇条に関して人類を結合させるに違いありません。なぜなら、良心を苦しめるすべての宗教教義は、そうした教義の真理に対する信仰を救済の条件としている限り、歴史に由来するものだからです（X. 325）。

このように、カントは、メンデルスゾーンの宗教的確信（Überzeugung）（メンデルスゾーンの方はあえて良心（Gewissen）という言葉を使わないわけだが）に関する議論を高く評価しつつも、他方で、ユダヤ教自体については、キリスト教よりも一段階低い位置づけを与えており、宗教というよりも政治組織であるとの評価を下している。「ユダヤの信仰は、もともとの仕組みからして、法規にすぎない律法の総括であり、国家体制もこれにもとづいていた。……本来ユダヤ教は宗教ではまったくなく、むしろ人びとの集合の総体にすぎず、人びとはある特殊な血統に属していたために、政治的に過ぎない律法の下で一つの公共体を形成したのであって、つまりは一つの教会を形成したわけではなかった。むしろ、ユダヤ教は世俗的にすぎない国家でなければならないのだ」（VI. 125）。

カントは、歴史的宗教を、理性宗教ないしは道徳宗教が完全な形で現実化するまでの中間形態として考えている。そのような中間形態においては、キリスト教を頂点とする形で諸宗教が並べられることになる。よく知られているように、カントは『学部の争い』では、「ユダヤ教が安楽死すれば、古い規約教説をすべて捨て去った道徳宗教が誕生する」（VII. 53）という、いささかショッキングな仕方でこの状況に言及している。つまり、ユダヤ教が道徳宗教へと純化するためには律法を放棄しなければならないという主張である。『宗教論』の本文や準備草稿を見ると、ユダヤ教がキリスト教誕生の土台であったという点から両者の連続性を認める発言をしている箇所も見られるが、やはり大筋としては、カントは、道徳宗教と法規的宗教の違いという観点からユダヤ教とキリスト教の非連続性の方を強調する議論を展開している。付言するなら、当時、フリートレンダーやベンダーフィットのような、理神論的傾向の強い、メンデルスゾーンより若い世代のユダヤ人たちからは、ユダヤ教とキリスト教は双方が儀礼的要素を廃棄するなら統合が可能であるとの提案がなされていた。カントはそれを知っていて以上のような発言を行なっている。しかし、若い世代の人びととは異なり、メンデルスゾーンにとっては、律法の順守は彼のユダヤ教理解の核心を成していたのである。(8)

ところで、当時、プロイセン国家の法体系（いわゆるプロイセン一般ラント法）が整備される過程で、ユダヤ人の宗教共同体の位置づけが争点となっていた。プロイセン政府からユダヤ法に関するガイドブックの作成依頼を受けたラビ・レヴィンに全面的に協力する形でメンデルスゾーンが『ユダヤ人の儀礼法』を作成したのも、この経緯で生じた出来事である。ここでは国家の世俗法と宗教共同体の法の調整が課題となっている。もし、この場合、宗教が完全に良心の問題に還元されるのであれば、良心は各自の宗教に従い、外的行為に関する法律は国家の世俗法に従えばよいことになるが、律法や戒律を重視する宗教の場合は、目に見える形で宗教行為を行なうことが必要であるため、事柄はそう簡単ではなくなるのである。古代ユダヤ教は完全な神権政治体制であり、そこでは律法は宗教と政治を一体化した形で機能していたが、古代ユダヤ国家が解体した後は、ユダヤの律法の拘束力はなくなったと考えるのがスピノザの『神学政治論』での立場であった。それに対して、メンデルスゾーンの解釈では、たしかにディアスポラの状況では律法における政治的な強制力は消滅したわけだが、とはいえ宗教的な意味での律法の妥当性が失われたわけではないのであり、世俗国家の中ではユダヤ教の律法は儀礼法として存続することになる。メンデルスゾーンが『エルサレム』第二部で儀礼法の問題を論じているのにはそういう背景がある。続いて、儀礼的律法の順守と啓蒙主義の理念がどのように両立するのか、という問題について違う角度からも考察しておこう。メンデルスゾーンは『エルサレム』や最晩年の『レッシングの友人たちへ』において、ユダヤ教について次のような議論を繰り返し主張している。まず、ユダヤ教内部にある自然的宗教としての内容は理性によって万人が理解できるものである。「教説と永遠真理に関しては、理性的根拠による以外に別の確信を知らない」(JubA, III 2, 196)。他方で、ユダヤ人の信じる律法は、ユダヤ人がその歴史経緯のゆえに伝承してきたものである。メンデルスゾーンはこちらを啓示の問題として考えている。神の存在は理性的認識の対象であって信仰の対象ではない[9]。信仰を語るのであれば、それは律法の根拠となる歴史伝承にしか当てはまらないのである。もっとも、信仰と言っても、ドグマへの強制的信仰ではなくて、宗教的伝承のネットワークへの信頼のようなものが考えられている[10]。

それゆえに、メンデルスゾーンは「ユダヤ教は、啓示された宗教ではなく、啓示された法である」(JubA, III 2, 164)と語るのである。これは、本来は、キリスト教とは異なるユダヤ教の宗教理解の特性を語るために用いられた発言であったが、ユダヤ教の本質は世俗的な法であって、そもそも宗教ではないのだという誤解を生みだすことになった。スピノザの律法解釈はこの立場であり、カントの『宗教論』でのユダヤ教理解も同様である。しかし、メンデルスゾーンの意図はユダヤ教の律法はあくまで宗教的な法であるという点にあった。ユダヤ教は法の宗教であるからこそ、信仰箇条を命じることはなく、ただ行為のみを命令する。つまり、律法に従いながらも、思考は自由なのである。[11]ユダヤ教と啓蒙はここで両立する。宗教的実践を行ないながらも思考は自由なのであり、メンデルスゾーンにとって、知は信のために限定されるのではなくて、かえって拡張されることになるのである。[12]

おわりに

晩年のメンデルスゾーンは、啓蒙主義の進展に関してある種の諦念を抱いていた。メンデルスゾーンは、レッシングの『賢者ナータン』やドームの『ユダヤ人の市民的地位の改善』が出版された時期には状況変化の兆しを感じていたわけだが、その後、啓蒙専制主義の政策がユダヤ人の実質的な地位改善と背反する事態に直面する中で、悲観的な見通しをもつようになったものと思われる。このような現状認識は有名な啓蒙に関する小論の論調にも反映している。一七八四年の九月と一二月に、メンデルスゾーンとカントは『ベルリン月報』の誌上でそれぞれ啓蒙に関する小論を発表した。カントが啓蒙に関して力強いスローガンを語るのに対して、メンデルスゾーンの方は、抑制された筆致で、啓蒙が限界や制約に直面する場合の事例を考察している。メンデルスゾーンは、啓蒙（科学的認識）と文化（習俗・習慣）のバランスに関する議論などを通して、啓蒙の無制限な展開が社会の安定と抵触する場合に、啓蒙の落ち着くべき場所を見定めようとしている。メンデルスゾーンは、ある種の偏見が社会の道徳的安定に役立っているのであれば、啓蒙主義者はそれを単純に嘲笑したり一蹴したりしてはならない、と述べている（JubA. VI. 118）。現代風に言うなら、メンデルスゾーンはシャルリ・エブド的な風刺には否定的なのである。このあたりは、メンデルスゾーンの啓蒙論がモデレイトと言われる所以であろう。

よく知られているように、メンデルスゾーンは『エルサレム』の中で、『人類の教育』に見られるレッシングの進歩史観を批判した（JubA. VIII. 162）。レッシングが類としての人類に進歩を見たのに対して、メンデルスゾーンは、人類が常に前進しているはずだ、という考えは妄想であり、個としての人間には向上があるとしても、人類は全体としては同じ範囲を行きつ戻りつしているにすぎないのだ、と主張した[13]。この主張には、レッシングが『人類の教育』においてユダヤ教を初等教科書として位置づけたことへの批判的意図が当然含まれているだろう。このような主張に対して、カントは「理論においては役立つが、実践においては役立たないという俗言について」の第三部で、歴史の進歩を否定する代表者としてメンデルスゾーンを登場させている。カントは、メンデルスゾーンも人類が前進しているという希望がなければ、同朋の啓蒙と福利を熱心に追い求めることはできなかったはずだ、と述べている。私はここで、メンデルスゾーンが、道徳や宗教の議論を、進歩史観とは別の枠組みで考えようとしている点に注目したい。啓蒙主義の歴史観は、理性と歴史を静的な二元性のうちに配置する傾向をもつために、歴史の中での理性の動的な展開を重視しないものとして、後のドイツ観念論などから批判の対象とされてきたわけだが、進歩史観と切り離したところで啓蒙主義の道徳論を論じようとするメンデルスゾーンの立場にも独自の意義があるものといえるだろう。新しいものが常に良いとは限らないし、その逆もまた然りである。重要なことは、相手のもつ文化や宗教の古さや新しさではなくて、お互いが対話可能な人間存在として尊重されているかどうかなのである。

註

(1) この問いは、啓蒙主義の普遍性の背後には、キリスト教社会の多数派の価値観が隠れてはいなかったか、という問いとしても言い換えることもできる。たとえば、啓蒙主義の時代に発展した政教分離の思想は、宗教を個人の心の問題に還元するプロテスタンティズムとは相性が良い部分があるが、目に見える形で戒律を守り儀礼を行なうことを重視する共同体の宗教としてのユダヤ教やイスラームには、うまく適合しない部分がある。さらには、世俗主義を国是とするフランスに関して、しばしばカトリックの文化的記憶がもつ機能が指摘されることからも明らかであるように、表面上は世俗主義を標榜する社会においても、多数派の宗教文化は様々な形で――馴染みのある建造物、日々の振る舞いや言葉使い、子どもの頃から聞かされる童話や物語など――浸透しており、多数派の人びとはある種の自明性と安心感の中で生活できている点で、少数派との間には、かなりの状況の違いが存在する。つまり、多数派の宗教文化は世俗社会の中に溶け込んでいるがゆえに目立ちにくいのに対して、少数派の宗教文化は異物として認識されやすいのである。

（2）「序論」で引用したように、メンデルスゾーンはホンベルク宛書簡（一七八四年五月一日）の中で、当時の流行語である寛容が、外見上の好ましさとは裏腹に、「一つに統合しようとする」同化主義的な「体系」を隠し持っていることを非難していた。Hrsg.v. Eva J. Engel, Einsichten, *Ausgewählte Briefe von Moses Mendelssohn*, Dessau: Moses Mendelssohn Gesellschaft Dessau e. V., 2004, S. 150

（3）本章のもともとの内容は、二〇一五年一一月に開始された日本カント協会第四〇会大会での共同討議「カントとメンデルスゾーン」での発表原稿にもとづいている。

（4）Jonathan Israel, *A Revolution of the Mind*, Princeton/Oxford: Princeton University Press, 2010, pp. 20–21（ジョナサン・イスラエル『精神の革命――急進的啓蒙と近代民主主義の知的起源』森村敏己訳、みすず書房、二〇一七年）.

（5）Cf. David Sorkin, *The Religious Enlightenment*, Princeton/Oxford: Princeton University Press, 2008.

（6）Cf. Shmuel Feiner, trans. by Chaya Naor, *The Jewish Enlightenment*, Philadelphia: University of Pennsylvania Press, 2002. 日本語で読める先駆的研究としては以下の論文も参照されたい。手島勲矢「ヘブライ語は預言者と賢者の言語――ユダヤ思想のロゴス化について」京都哲学会編『哲学研究』第五九五号、二〇一三年。

（7）カントはケーラーの後任としてオイヒェルを推薦したが、ケーニヒスベルク大学の職に就くにはルター派の信仰告白が必要であったため、就任は実現しなかった。よく知られているように、カントは、すでに一七七〇年にはユダヤ人学生のマルクス・ヘルツを教授資格論文の応答者に指定しており、その後も全般的に見て数多くのユダヤ人学生と良好な関係を維持していた。Vgl. Andreas Kennecke, *Isaac Euchel, Architekt der Haskala*, Göttingen: Wallstein, 2007.

（8）この点についてもう少し詳しく述べておこう。ユダヤ人への市民権付与をめぐる議論において、しばしば取り上げられたのは、ユダヤ教における儀礼法の位置づけであった。繰り返しになるが、フリートレンダーやベンダーフィットのように、メンデルスゾーンの弟子世代のユダヤ人たちの中には、儀礼法を撤廃することでユダヤ教徒とキリスト教徒の統合の可能性を探る者たちが存在した。『学部の争い』でのカントは、メンデルスゾーンよりも、これらの若い世代のユダヤ人たちの方に親近感を示している（シェルは、カントのユダヤ教理解の時代ごとの変遷を整理しつつ、カントをとりまくユダヤ知識人たちの世代間の相違に注目している。Susan Meld Shell, Kant's Jewish Problem in *Kant and the Limits of Autonomy*, Cambridge: Harvard University Press, 2009)。カントは、『学部の争い』の中で、ベンダーフィットが一七九三年に刊行した『ユダヤ人の性格に関すること（以下、『ユダヤ人の性格』と略称）』を念頭に置きつつ、次のように述べている。

「この（ユダヤ民族の非常に優れた頭脳であるベンダーフィットの考え、つまりイエスの宗教を（……）公に受け入れるという考えは、非常な妙案であるだけでなく、これしかない唯一の提案と見なすこともできる。もちろんこの提案を実行に移せば、ユダヤ民族は、信仰の事柄において他の民族と混血することなしに、学識豊かで礼節をわきまえ、市民的状態のすべての権利を享受でき、その信仰も政府によって裁可されうる民族として、すぐに人びとの目にとまるようになるだろう」（VI, 51–52）。

ベンダーフィットは、『ユダヤ人の性格』の中で、当時のプロイセンのユダヤ人の状況を四つのグループに分類する。第一には一切の改革を必要とせず宗教伝統に完全に忠実な人びと、第二には放蕩な生活を送る人びと、第三には啓蒙されてはいないが道徳的な生活を送る人びと、第四には完全に啓蒙された人びとである。ベンダーフィット自身は四つ目の少数派のグループに属する存在であることを自認する。この第四のグループの人びとは、純粋なモーセの教説と自然宗教を信奉しており、伝統的なユダヤ教と宗教への無差別主義（ある種の無神論）の双方から距離を取った存在であるとされる。

『ユダヤ人の性格』の特徴は、ヨーロッパ社会へ参入するためには儀礼法の撤廃が必要であることをユダヤ人として明言している点にある。ベンダーフィットはこの本の根本主張を次の言葉に集約している。「ユダヤ人たちが、無意味であり現代に全くふさわしくない儀礼法を撤廃することで、自らが従事すべき、またはすでに従事してきた改革に参画することがない限りは、そして、より純粋で、すべての父祖にふさわしい宗教――モーセの純粋な教説――を仲間のうちに設立することがない限りは、ユダヤ人たちが、洗礼の観点からは無差別主義者と見なされ、国家にとって危険な市民にとどまるであろうことは必然である」。Lazarus Bendavid, *Etwas Chracteristik der Juden*, Leipzig, 1793, S. 45.

『学部の争い』での引用箇所からも分かるように、カントはこうしたベンダーフィットの議論をユダヤ教側が律法を放棄してイエスの宗教を受け入れるサインとして受け取った。儀礼法をユダヤ人のための障壁と見なす点では、たしかにカントとベンダーフィットには共通点があった。しかし、カントとベンダーフィットは完全に意見が一致していたわけではなかった。カントの方が、理性宗教へと純化していく過程でキリスト教が一段高い立場からユダヤ教を吸収する議論を展開したのに対して、若きユダヤの知識人たちは、あくまで二つの宗教の対等な立場での統合を提案していたのである。

ベンダーフィットはユダヤ教に含まれる理性宗教の核心を「モーセの純粋な教説」と言い換えており、最終的にはその内容を紀元後1世紀に活躍した高名なラビ・ヒレルの隣人愛の教えに集約させている。ベンダーフィットは、あくまで、ユダヤ教自身の内部にキリスト教と共有できる理性宗教ないしは自然的宗教の核心が存在すると考えている。一方でカントは、モーセの教説とイエスの福音の間に決定的な飛躍を設けており、後者の方に理性宗教の核心を求める議論を展開している。

(9) この点はカントの批判哲学とは根本的に立場を異にしている。

(10) メンデルスゾーンの理解では、すべての宗教の中には誰もが理性によって把握できる真理が含まれているが、ユダヤ教の儀礼法は永遠真理を守り伝える役割を果たしている。メンデルスゾーンは、儀礼法を擁護することで、宗教の普遍的内容（永遠真理）と個別宗教の特殊性（律法、儀礼法）の媒介を試みているのである。

メンデルスゾーンの考えでは、儀礼法は人間を盲目的に従属させる桎梏ではない。儀礼法は聖典の叙述内容に基盤をもつが、儀礼を行なう中で、儀礼の中に含まれている永遠真理の意味内容を考えさせる点で、人間の思考を喚起し続ける源泉となっている。さらに、儀礼法は、儀礼を通した永遠真理の伝承過程において人間同士の交流を活性化する点で、人間の社交性を維持する機能も有している。もちろんユダヤ教において聖典は何よりも重要だが、聖典に書かれた文字情報はあくまで行為を促すために存在する。人間は、文字情報だけに依拠するようになると、生身の人間との対話を軽視するようになりがちである。さらには、文字があくまで真理伝承の手段にとどまることを忘却し、文字自体を神格化する偶像崇拝に陥る危険性も存在している。その意味では、ユダヤ教は、成文律法と口伝律法の双方をもつことで、文字と生活（社交）のバランスを維持しているのである。こうしたメンデルスゾーンの儀礼に対する高い評価は、儀礼の形式主義や抑圧性を批判する啓蒙主義の論調の中にあって、異彩を放っている。

(11) 註の（10）でも述べたように、儀礼法には積極的な意義があり、メンデルスゾーンにとって儀礼法を遵守することは単なる面従腹背の論理とは異なるものとして考えられている。

(12) ハーヴィーは、信と知の関係についてのメンデルスゾーンの特異な理解が伝統的なユダヤ思想の系譜に属するものであることを指摘している。日本語で読める論文としては以下を参照されたい。ウォレン＝ゼエヴ＝ハーヴィー「クレスカスとメンデルスゾーン――信仰と命令」『京都ユダヤ思想』第五号、二〇一五年。Cf. Warren Zev Harvey, Hasdai Crescas and Moses Mendelssohn on Beliefs and Commandments in edited by Michah Gottlieb and Charles H. Manekin, *Moses Mendelssohn: enlightenment, religion, politics, nationalism*, Bethesda/Maryland: University Press of Maryland, 2015.

（13）アルトマンの解釈によると、メンデルスゾーンは、歩みが単線的なものではなく、一進一退を繰り返すことを強調しており、人類の進歩をいわばスパイラルの構造をもつものとして理解している。Alexander Altmann, *Moses Mendelssohn: A Biographical Study*, London/Portland, Oregon: the Littman library of Jewish Civilization, 1973, p. 540.

第三章　スピノザ『神学政治論』からメンデルスゾーン『エルサレム』へ

はじめに

スピノザとメンデルスゾーンは、共にユダヤ教の伝統が近代において直面する課題を直視しながらも、異なる方向に解決の光を見出そうとした。スピノザは近代とユダヤ教の間に存在する差異の方を強調したが、メンデルスゾーンは差異を前提にしながらも両者の接点を見出そうとした。メンデルスゾーンは、その生涯をかけて啓蒙主義とユダヤ教の総合を試みたが、啓蒙主義者であることと伝統的なユダヤ教徒であることの両立可能性を疑う人びとから、たえず批判にさらされることになった。

こうした問題を集約する二つの著作が、スピノザの『神学政治論』（一六七〇年）とメンデルスゾーンの『エルサレム、あるいは宗教権力とユダヤ教』（一七八三年）である。本章では、メンデルスゾーンにおいて、スピノザの『神学政治論』の何が問題となっていたのかを考えたい。さらに言えば、メンデルスゾーンのスピノザ理解を検討することで、スピノザの『神学政治論』の思想史的位置づけも、より明確なものとなるのではないだろうか。

二つの著作が抱える問題の検討に入る前に、最初に、スピノザ受容史におけるメンデルスゾーンの位置づけについて簡単に概観しておきたい(1)。

一　メンデルスゾーンのスピノザ受容──スピノザ哲学を有神論と両立させるための試み

ヘルダーは、『神についての対話』（一七八七年）の冒頭で、登場人物のフィロラウスに、一八世紀後半まで存続したスピノザ的なるものへの偏見を次のような形で語らせている。

私はスピノザを読んだことがありません。狂人の手による全く意味不明な著作を誰が読みたいと思うでしょうか。私はスピノザの著作を読んだことがある人から彼が次のような存在であることを知りました。スピノザは、無神論者にして汎神論者であり、盲目的必然性の教師、宗教の嘲笑者、啓示の敵対者であり、国家と市民社会の破壊者なのです。つまり、彼は全人類の敵であり、そのような人物として生涯を終えたのです。したがって、彼は、人類のすべての友人と真の哲学者から嫌悪と憎悪を受けるに値する存在なのです(2)。

きわめてひどい物言いがなされているわけだが(3)、ここには当時の偏見と誤解が集約的な形で表現されている。特に重要なのは、スピノザの著作を実際には読んではいないという発言と、スピノザは無神論者であるという、二つの点である。言い換えれば、メンデルスゾーンがスピノザ受容史において果たした役割は、この二つの点の改善にあった(4)。まず、メンデルスゾーンは、スピノザの著作自体のできるだけ正確な読解にもとづいて、スピノザに対して正当な歴史的評価を下そうとした。デカルト以後の展開において、スピノザがライプニッツと並び立つ哲学者として位置づけられる、という哲学史理解が形成されるうえでは、メンデルスゾーンの『哲学的対話』でのスピノザへの言及が重要な意味をもっている。さらに、彼は、スピノザの哲学が有神論と両立する可能性を示すことで、後の初期ドイツ観念論に見られるようなスピノザ再評価の前提条件を整えることになった。哲学史的に見た場合、メンデルスゾーンのスピノザ解釈は、スピノザへの否定的評価から肯定的評価への転換点となっている。

メンデルスゾーンのスピノザ評価の根底にあるのは、スピノザの哲学は修正・補完をすることで受容可能なものとなる、という発想である。(5) この場合、何によって修正・補完するのかといえば、ライプニッツ・ヴォルフの哲学によってである。この点について少し例を挙げよう。初期の『哲学対話』（一七六一年）では、メンデルスゾーンは、ライプニッツの予定調和論の先行形態をスピノザのうちに見出している。(6) しかし、そこには修正・保管が必要だったのである。メンデルスゾーンは、スピノザは神と世界を同一視することで無神論へ陥ったと主張する人びとに対して、ライプニッツの可能世界論を接合することでスピノザ哲学を有神論へと修正するプランを示している。たとえば次のような具合である。

世間の人びとは、皆、スピノザの見解は全く馬鹿げていると思っている。しかし、実のところ、それが馬鹿げているのは、スピノザが彼の見解を、私たちの外部に存在する可視的世界に当てはめようとする場合に限られるのだ。ライプニッツの言い方にならって、世界を、様々な事物の可能的結合として、神の決定に先立って神の知性のうちに存在するものとして考えるならば、スピノザの多くの見解を真の哲学や宗教と両立させることができるのである（JubA. II, 10）。

晩年の著作『朝の時間』でも、メンデルスゾーンは、万一レッシングが汎神論者であったとしても、そのまま無神論者であることにはならないことを主張するべく、有神論と両立する「洗練された汎神論（der geläuterte Pantheismus）」という概念を提示している。つまり、スピノザの汎神論を修正し、純化したのである。遺作となった『レッシングの友人たちへ』（一七八六年）では、メンデルスゾーンは、「有神論へと洗練されたスピノザ主義・汎神論」という以前からの主張を繰り返しつつ、同じユダヤ人としての立場から、スピノザに対する親近感に言及している。

レッシングがスピノザ主義者であったという報告は、私にとってはたいした問題ではない。『朝の時間』の中で詳しく説明したことだが、私は、実践面に関して宗教や倫理と完全に調和する洗練されたスピノザ主義というものが存在することを知っていたし、この洗練されたスピノザ主義がユダヤ教と非常によく一致しうることを知っていたのである。
スピノザが、別の著作で真のユダヤ教を反駁することで律法から逃れるようなことがなければ、その思弁的な学説にもかかわらず、彼が正統的なユダヤ教徒にとどまることができただろうことを私は知っている。ユダヤ教徒は、スピノザの学説に対して、キリスト教徒の正統的教義よりも、はるかに大きな親近感を抱いている。だからこそ、レッシングがいまだ厳格なアタナシウス派の〔キリスト教の正統教義の〕信奉者であったときに、少なくとも私にはそう思えていたときに、私はレッシングを愛することができたし、私も彼から愛されることができたのだ。むしろ、彼がユダヤ教に接近しつつあったときに、どうして私が彼をユダヤ教徒であるバルーフ・スピノザの信奉者であると見なさないことがあっただろうか。ユダヤ教徒とスピノザという名前は、私には、ヤコービ氏にとってそうであったほどには、目障りなものでも腹立たしいものでもなかった（JubA, III 2, 188–189）。

ところで、ここでメンデルスゾーンが「別の著作」と呼んでいる作品が『神学政治論』のことを指していることは明らかであろう。メンデルスゾーンは、公刊著作の中ではスピノザの著作としては『エチカ』の名前しか挙げていないが、上の文章はメンデルスゾーンがスピノザの『神学政治論』を意識していたことを示す一つの根拠資料となっている。

メンデルスゾーンのスピノザ理解に関しては、たとえば『エチカ』については時代的な制約もあって不十分な点が見受けられるが、『神学政治論』については深い洞察が存在する。それゆえに、メンデルスゾーンの『神学政治論』解釈を検討することには大きな価値があるといえる。

二　『神学政治論』と『エルサレム』の関連性

『神学政治論』と『エルサレム』の関連性を指摘する議論について、いくつかの点を確認しておこう。言うまでもなく、メンデルスゾーンの作品の中で、スピノザの『神学政治論』を最も強く意識している著作は『エルサレム』である。『エルサレム』は、良心の自由や国家と宗教の差異が論じられる第一部と、ユダヤ教の宗教哲学が展開される第二部から構成されている。しかし、『エルサレム』では、明示的な仕方でのスピノザへの言及は、第一部での次の一カ所しか存在しない。

スピノザが形而上学で果たした貢献を、ホッブズは道徳哲学において行なった。彼の洞察に富んだ誤謬が、私たちの探求を促したのである（JubA, VIII, 106）。

もちろん、この短い言及の中にも、メンデルスゾーンのスピノザ解釈の立場を伺うことができる。それは、スピノザやホッブズの誤謬なくして、私たちは真に実り豊かな見解に到達することはできなかったのだという主張である。それは、回避することができない誤謬なのである。こうした見解は、すでに『哲学対話』の中に存在していたものである。そこでは、デカルトからライプニッツへ至る道で誰かが担わねばならなかった犠牲を払ったのはキリスト教徒ではなくてユダヤ人哲学者のスピノザだったのであり、スピノザの誤謬があってこそ哲学の領域は現在の範囲にまで拡大されたのである、という趣旨の発言が行なわれている。

『エルサレム』での直接的なスピノザへの言及は上記の一カ所しか存在しないわけだが、『エルサレム』と『神学政治論』の間には問題意識の上での密接な連関があることを、多くの学者たちが指摘している。ここで少し研究史について述べておこう。『ユダヤ哲学』（ドイツ語版、一九三三年）の著者として知られるユリウス・グットマンは、一九三一年にユダヤ教学高等学院の論集に「メンデルスゾーンの「『エルサレム』とスピノザの『神学政治論』」を発表した。これは二つの著作を結ぶ問題意識の密接な連関を指摘している点で重要な論文である。この論文での見解は、グットマンの『ユダヤ哲学』でのメンデルスゾーンに関する叙述部分で敷衍されることになった。グットマンの研究を念頭におきつつ、両者の対応関係について詳細かつ広範囲に精査したのがアレクサンダー・アルトマンである。アルトマンは、第二次世界大戦後はアメリカのブランダイス大学で教鞭をとったユダヤ学者であり、二〇世紀最大のメンデルスゾーン研究者といってよい人物である。ソーキンをはじめとした後続世代の研究者たちの仕事は、基本的にグットマンからアルトマンの系譜を前提としたうえで行なわれている。

モーセの律法を徹底して政治的に解釈するスピノザの『神学政治論』での立場は、理神論者をはじめとして、当時の合理主義的な思想の持ち主たちにきわめて大きな影響を与えた。ユダヤ教を、宗教というよりは国家や政治体制として理解する解釈は、スピノザの『神学政治論』のうちに一つの淵源をもっている。たとえばカントは、『単なる理性の限界内における宗教』（一七九三年）第三編の中で、スピノザの『神学政治論』を直接読んでいたかどうかは分からないが、こうした典型的なユダヤ教解釈を披露している。

ユダヤの信仰は、もともとの仕組みからして、法規にすぎない律法の総括であり、国家体制もこれにもとづいていた。この総体に対して、当時やその後に、どんな道徳的補遺が付け加えられたとしても、それは決して総体としてのユダヤ教の一部をなすものではないのである。本来ユダヤ教は宗教ではまったくなく、むしろ人びとの集合の総体にすぎず、人びとはある特殊な血統に属していたために、政治的に過ぎない律法の下で一つの公共体を形成したのであって、つまりは一つの教会を形成したわけではなかった。むしろユダヤ教は世俗的にすぎない国家でなければならないのだ。……この国家体制が神権政治を基礎しているからといって……この国家体制は宗教体制になるわけではない。神はここでは世俗的な統治者にすぎず、良心を通しても良心に対しても何ら要求をするわけではないからである（VI, 125）。

カントは、メンデルスゾーンの『エルサレム』での良心の自由の主張には惜しみない賞讃の言葉を贈りつつも、ユダヤ教を宗教としては理解しなかった。メンデルスゾーンは、スピノザの問題意識を共有しつつも、上記のようなカントのユダヤ教理解に抗して、ユダヤ教の宗教としての存在意義を弁護する必要があったのである。しかし、その場合の困難の一つは、キリスト教的なニュアンスを強く帯びた言葉を用いて、ユダヤ教について語らねばならない点にあった。メンデルスゾーンは、ユダヤ教を語る際に、不用意に「信仰（信）（Glaube）」や「宗教」という言葉を用いることを避けようとした。「宗教」、「信仰」、「法」、「真理」という言葉に関してはキリスト教とユダヤ教の間で解釈の違いが存在している。メンデルスゾーンの議論を理解するためには、この点を認識する必要がある。以上の点を念頭に置きつつ、『神学政治論』と『エルサレム』の間で何が問題となっていたのかを見ていこう。

三　「ユダヤ教は啓示された宗教（offenbarte Religion）ではなくて、啓示された立法（offenbarte Gesetzgebung）である」というテーゼをめぐって

『神学政治論』と『エルサレム』に共通する見解は、〈ユダヤ教は、啓示された宗教ではなくて、啓示された立法である〉という点にある。これは言い換えるなら、啓示は理論的な認識ではなくて実践に関わる問題である、という主張として言い換えることができる。

この点について、メンデルスゾーンの基本的見解が示されている部分を引用し、分析したい。すでに述べてきたように、『エルサレム』でのメンデルスゾーンに課せられた大きな課題は、合理的な宗教理解をもちつつ同時に伝統的なユダヤを遵守することは不可能である、という批判に応えることにあった。右の『エルサレム』第二部の引用箇所は、メルシェルという人物が〈メンデルスゾーンは、理神論的な主張を展開している以上、すでにユダヤ教を離脱し

ているのだ〉という主張を展開したことへの反論として述べられている。

> 人間の理性によって把握されるだけでなく、人間の力によって証明され維持され得るもの以外の真理を認識しない、と私が考えていることは確かである。しかし、メルシェル氏はユダヤ教を誤解している。彼は、上の主張を、私が父祖の宗教から離れることでしか維持できないと考えているからである。それとは反対に、私はこれこそがユダヤ教の本質であると考えており、この思想こそがキリスト教とユダヤ教の特徴的な差異をなすものであると思う。
>
> 一言でいえば、私の考えでは、ユダヤ教は、キリスト教徒が考えているような意味での啓示宗教ではないのだ。イスラエルの民は神の掟をもっている。それらは、現世での幸福や永遠の幸福を得るためになすべきことを定めた掟、定め、命令、生活規則、神の意志についての教えである。こうした命題や規則は、奇跡的かつ超自然的な仕方でモーセによってイスラエルの民に啓示された。しかし、信仰箇条も、救済のための真理も、普遍的な理性的命題も啓示されたわけではない。これらは、永遠の神が、他のすべての人間の場合と同様に、いつでも私たちに自然と事柄を通して教えてくれたのであり、決して言葉と文字によって啓示したものではないのだ（JubA, VIII, 157）。

まずメンデルスゾーンは、ユダヤ教には理性宗教の要素があることを述べている。それが引用の冒頭部分である。同時に、メンデルスゾーンは、ユダヤ教には、理性宗教としての側面だけでなく啓示にもとづく歴史的宗教の側面もあることを指摘する。それが、引用後半部分の啓示に関する議論である。理性と啓示は、普遍と特殊の関係に対応する。つまり、万人に共通の部分とユダヤ人のみに関係する部分の位置づけをめぐる議論が展開されているのである。メンデルスゾーンを単なる理神論者として理解した人びとは、メンデルスゾーンが啓示の領域も同時に尊重していることを見逃していたのであり、メンデルスゾーンとしてはこの点を強調する必要があったのである。

メンデルスゾーンは、ユダヤ教においては、信仰箇条が啓示されたのではなくて、律法が啓示されたのだ、という点を強く主張する。これは、信仰箇条への宣誓を強要するキリスト教への批判として語られている。信仰箇条、すなわち宗教の教義は、本来、理性による認識の対象であって、それは思考の自由に属する問題である。教養が啓示にもとづくことになると、それは思考を強制することになる。しかし、ユダヤ教では強制は思考ではなく行為のみに関わる。ユダヤ教が要求するのは、律法にもとづく行為への服従であって、教義の受容ではないのである。この点については、しばしば、〈ユダヤ教の精神は、教義における自由と行為における従順である〉という言い方では表現されている。

このあたりの議論は、メンデルスゾーンが、スピノザと認識を共有している点であって、啓示宗教は行為の問題であるからこそ、宗教においては、真理か非真理かで裁かれるのではなくて、行為が法に違反したかどうかで裁かれることになるのである。そして、言うまでもなく、スピノザにおいては、一方で聖書の教義は服従を教え、他方で哲学は思考の自由を確保するのである。

宗教における理性と歴史の関係について、もう少し説明しよう。まず上の引用文の最後で指摘された、理性の源泉としての自然と事柄、啓示の源泉としての言葉と文字という区別は、スピノザに由来するものである。スピノザは『神学政治論』の第一四章ではこの点について次のように述べている。

この両部門〔信仰ないし神学と哲学〕の目的は全く異なる。哲学の目的はもっぱら真理のみにあり、これに対して信仰の目的は、これまで十分に示してきたように、服従と敬虔以外の何ものでもない。哲学は共通概念を基礎としてもっぱら自然からのみ導出されねばならない。これに対して、信仰は物語と言語を基礎としてもっぱら聖書と啓示からのみ導出されねばならない(7)。

ここでスピノザは、自然ないし事柄の本性に関わる哲学と、歴史・言語・啓示に関わる信仰を対比させている。先の引用でのメンデルスゾーンの区別はこれに対応したものである。しかし、メンデルスゾーンは、スピノザの区別を受けつぎながらも、スピノザとは違って、真理の問題を哲学のみに限定せず、宗教との接点をもつところまで拡張しようとした。

ここでも、メンデルスゾーンは、ライプニッツの哲学を導入することでスピノザの哲学を軌道修正するという方法を採用している真理概念を拡張する際に、メンデルスゾーンはライプニッツの議論を援用する。いわゆる「理性の真理（vérités de raison）」と「事実の真理（vérités de fait）」の区別である。ライプニッツの理解では、前者が対象とするのは、論理学や数学に見られるような、永遠かつ普遍的な必然的真理であり、後者が対象とするのは個別的な偶然的真理である。前者が、神の知性にもとづく形而上学的な必然性をもつのに対して、後者は、神の意志にもとづく道徳的な必然性をもっている。

メンデルスゾーンは、ライプニッツの「理性の真理」と「事実の真理」の区別を、「永遠の真理」と「歴史の真理」という言葉で言い換えている。ライプニッツの場合、歴史の問題は事実の真理の一部であった。それに対して、メンデルスゾーンは、事実の真理の内実を歴史の真理へと完全に特化したものといえる。

メンデルスゾーンの説明に耳を傾けてみよう。「永遠の真理」は、時間と場所に限定されず、理性によって誰もが認識できる真理である。それに対して、「歴史の真理」は、誰かが経験した時点を起点とする以上、真理の受容が特定の時間と場所に限定されており、その後は、人から人への伝承と、伝承者の権威への信頼にもとづく形で成立する真理であるといえる。歴史の真理の妥当性は、経験による観察と検証にもとづいている。そして、人はすべての事例を自らの力で検証し尽くすことはできない以上、信頼できる人物へ頼らざるをえないことになる。ここでは「歴史の真理」は宗教的共同体の伝承の問題として語られているが、現代的に言えば、社会生活上の安全性についての他者への依存関係に近い事柄を述べているように思われる。社会のつながりの中では、私たちは、すべての事柄を毎回、自分自身で検証することは不可能であり、他者への信頼に依存せざるをえないのである。

ところで、真理概念の適用範囲の問題は、道徳的理性の問題と関係している。スピノザの場合と比較すると、メンデルスゾーンにとって、理性の普遍性は、カント風に言えば、理論理性だけでなく実践理性の、つまりは道徳の問題でもあった。メンデルスゾーンにおいて、真理は、ことに実践的問題に関しては、一部の哲学者だけでなく、万人にとって到達可能であるべき存在であった。しかし、もちろんメンデルスゾーンも、スピノザと同じく、形而上学的な真理が啓示されるとは考えていない。したがって、啓示（行為）と理性（理論的認識）の間をつなぐ一種の媒介者が必要となる。メンデルスゾーンの晩年の思想においてコモンセンスが重要な意味をもちはじめた背景には、理論と実践の間の媒介者の問題があったものと考えられる。もちろんメンデルスゾーンは、カントのように理論理性と実践理性を区別する発想はもっていなかった。しかし、問題意識としては意外に近い点があったように思われる。少々単純化して表現するなら、〈知的には全く理解していなくても、行為において完全に敬虔でありうる〉というのがスピノザの立場であったとすれば、メンデルスゾーンは、理論的認識の知とは別に、道徳的な知の形態も確保しようとしたといえるのではないだろうか。

このように、メンデルスゾーンは、宗教から歴史的要素を完全に除外してしまうのではなくて、理性と歴史を区別したうえで、歴史的要素を宗教の中に残そうとした。メンデルスゾーンは、理性宗教と啓示宗教を並列することで、啓示された律法の存在位置を確保したのである。

四　古代ユダヤ教の神権政治と、国家消滅後の律法の有効性

古代ユダヤ教において宗教と国家が完全に一体化していたという点で、スピノザとメンデルスゾーンは共通した認識を語っている。よく知られた箇所だが、まずスピノザは『神学政治論』の第一七章では次のように述べている。

ヘブライ人の国家では、国家の法と宗教は——それはすでに示したように神への服従の中に存在する——一体であった。言い換えれば、宗教の信条は、教義ではなくて法あるいは命令であり、敬虔は正義、不敬虔は不正義や罪とされた。宗教から離脱したものは敵と見なされることになった。宗教のために死んだ者は祖国のために死んだ者と見なされた。つまり、国家の法と宗教間には何ら区別がなかったのである。その故にこの国家は神政国家と呼ばれた。[8]

メンデルスゾーンも、『エルサレム』第二部でこの点について次のように語っている。

根源的な体制において、宗教と国家は、統合したのではなくて一つであった。二つのものが一つにまとまったのではなくて、まさに同じものだったのである。人間の社会に対する関係と人間の神に対する関係は一致しており、決して衝突することはなかった。世界の創造者にして維持者である神は、同時に、この国の王であり支配者であった。……このような体制はかつて一度だけ存在した。それにふさわしい名前で呼ぶなら、モーセの法規がそれであった（JubA, VIII, 194, 196）。

スピノザとメンデルスゾーンは、共に、古代ユダヤ教が文字通りの神権政治体制であったという指摘を行ない、聖職者ではなく神自身が主権者であるような状態を強調することで、教会権力全般を批判しようとした。[9]しかし、ユダヤ人の古代国家が崩壊した後の律法の有効性に関しては、両者は全く別の考えをもっていた。スピノザがモーセの律法を政治的な意味でのみ理解したのに対して、メンデルスゾーンはそれを宗教的な法として理解しようとしたのである。

スピノザは、法に関して神の法と人間の法を区別し、モーセの法は世俗的国家に関わる人間の法であると規定した。スピノザは、法はユダヤ人の現世的幸福のみに関係した世俗的国家の法である以上、ユダヤ人の国家が消滅した後は、モーセの律法を遵守する必要はないと主張した。『神学政治論』第五章では次のように述べられている。

そうした儀礼が〔すべての人間に普遍的である〕神の法とは何ら関係なく、〔すべての人間にとっての〕福祉と徳とに対して何ら寄与するところがないことは確実である。それらの儀礼はヘブライ人たちの選びにのみ、換言すれば……彼らの物質上の一時的幸福と彼らの国家の安寧とにのみ関連したものであり、この故にそれらは彼らの国家の存続している間に限って価値をもち得たのである。(10)

これに対して、メンデルスゾーンの理解では、モーセの律法のうちには永遠の真理が内包されており、それは、地域や時代を超えて、個々のユダヤ人の宗教性に関係しつづけるのである。ここで問題となってくるのは、いわゆる儀礼法（祭儀律法）の存在意義の問題である。メンデルスゾーンによると、儀礼法は永遠真理を思いおこすために必要不可欠な存在である。メンデルスゾーンは、ユダヤ教の儀礼の存在意義について、いくつかの理由を挙げている。啓蒙主義者でありながらも儀礼の存在価値を認めていた点にメンデルスゾーンの独自性が存在する。儀礼には、想起の機能以外にも、共同体を形成し人を結びつける社会的機能があることが指摘される。この点と関連した議論として、『エルサレム』の中には言葉の歴史が扱われている箇所がある。

そこでは、記号を実物と取り違えること偶像崇拝に陥る危険性をもつヒエログリフと、人間を活字人間にしてしまうことで社交性を奪ってしまうアルファベットの双方が批判的に考察されている。メンデルスゾーンによると、ユダヤ教の場合は、成文律法と口伝律法によって、教義と生活の間に有機的な連関が存在しており、その間を結びつける役割を担っているのが儀礼法なのである。

従来、メンデルスゾーンに対しては、ユダヤ教において律法や行為の要素のみを過度に強調しているという批判が行なわれてきた。(11) しかし、メンデルスゾーンは、上記のように、教義と生活の有機的な連関こそを強調したのであり、これまでの批判は是正される必要があるだろう。

むすび

かつてグットマンは、『エルサレム』の史的的意義を、スピノザとの関わりの中で次のように要約した。

近代の文化意識に対してユダヤ教を正当化した最初の試みとして、メンデルスゾーンの『エルサレム』は不朽の意義をもっている。近代の新しい学問を用いてユダヤ教からの解放を企てた思想家の著作が彼の眼前にあったことに不思議はない。メンデルスゾーンは、形而上学の進歩が、スピノザの批判に抗して、伝承されてきた宗教的世界観の根本理念に権利を与えるものであることを確信していた。それと同様に、メンデルスゾーンは、スピノザと共に合理主義的な思考方法の基盤に立ちながらも、スピノザによるユダヤ教への攻撃を克服し、スピノザに固有の観点からユダヤ教の哲学的正当化を遂行することができると考えたのである[12]。

しかし、グットマンは、メンデルスゾーンの功績を認めたうえで、メンデルスゾーンの目指した解決のためには宗教に関する新しいコンセプトが必要であった、と述べている。

メンデルスゾーンは普遍宗教の理念と歴史的宗教の理念の双方を肯定したが、それらを一つの有機的な全体へと結合することには成功しなかった。この課題を解決へともたらすには、根本的に全く別の宗教理解が必要だったのである[13]。

このように、グットマンは、メンデルスゾーンを評価しつつも、その宗教理解には再考が必要であることを指摘した。近代ユダヤ史の研究者マイケル・マイヤーも、メンデルスゾーンによる啓業主義哲学とユダヤ教の共存への試みは、彼の生涯においてしか可能ではなかった「つかのまの解決（ephemeral solution）」であったと述べている[14]。筆者自身は、彼らの評価とは異なり、すでに述べた儀礼法をめぐる解釈などにも見られるように、メンデルスゾーンの宗教理解には、もう少し積極的な意味を見出せるものと考えている。

近代国家におけるユダヤ教の律法の法的効力の問題は、ユダヤ人の同化の問題とも密接に関係している。メンデルスゾーンは、『エルサレム』の後半部分で、ユダヤ教の律法を放棄することなしには市民権を獲得できないのであれば市民権を獲得することの方を断念したい、と明言している。そのうえで、当時のドイツ人たちに対して、同じ市民が無理であるとしても、一緒に生活している人（Miteinwohner）として認めてほしいと述べている（JubA, VIII, 200）。Miteinwohner とは、いわば、一緒に生活している隣人のことを指している。『エルサレム』の末尾では「信仰の統一（Glaubensvereinigung）は寛容ではない」（JubA, VIII, 203）とも述べられていたわけだが、隣人とは、差異を前提にしたうえでの人間関係であり、メンデルスゾーンは、宗教的に異なる人びとが本当の意味で共生しうる国家体制を希求していたのである。『神学政治論』と『エルサレム』の関係を考察することで、宗教と政治に関して様々な検討課題が浮かび上がってくるといえるだろう。

註

（1）本章のもともとの原稿は、二〇一〇年二月二七日に大阪大学で開催されたスピノザ協会の第五三回研究会での発表原稿に加筆修正をしたものである。多くの方から有益なご指摘をいただいたことに深く感謝する。

（2）J.G. Herder, Gott. Einige Gespräche, in *Sämtliche Werke*, hrsg. v. B. Suphan, Berlin: Weidmannsche Buchhandlung, 1887, Bd. XVI, S. 412（ヨハン・ゴットフリート・ヘルダー『神　第一版・第二版　スピノザをめぐる対話』吉田達訳、法政大学出版局、二〇一八年）.

（3）『神についての対話』では、フィロラウスは、友人のテオフロンの話を聞くうちに、徐々にスピノザへの誤解を解くことになる。

（4）Cf. David Bell, *Spinoza in Germany from 1670 to the Age of Goethe*, London: University of London, 1984. Winfried Schröder, *Spinoza in der deutschen Frühaufklärung*, Würzburg: Königshausen Neumann, 1987.

（5）もちろんヤコービは、スピノザのラディカリズムを中和しようとする、このような解釈にこそ批判的であった。

（6）『哲学対話』は、文化的コンテクストとしては、フランスびいきの当時のベルリンのアカデミーに対抗して、ドイツ哲学としてのライプニッツ・ヴォルフ哲学の意義を訴えつつ、その中でユダヤ人哲学者スピノザの貢献を語る、という構図をもっている。

（7）Spinoza, Tractatus Theologico-Politicus, in *Spinoza, Opera*, im Auftrag der Heidelberger Akademie der Wissenschaften, hrsg. v. Carl Gebhardt, Heidelberg: Carl Winters Universitätsbuchhandlung, III, 179（スピノザ『神学・政治論（上・下）』吉田量彦訳、光文社、二〇一四年）.

（8）Spinoza, Tractatus Theologico-Politicus, in *Spinoza, Opera*, 206.

（9）メンデルスゾーンは、用語としては、Theokratie や Hierokratie という言葉を使うことに否定的であった。その理由は、これらの用語が、すでに当時において教会権力を連想させる否定的ニュアンスの強い言葉となっていた点にある。しかし、事柄の認識においてスピノザと多くの点を共有している。

（10）Spinoza, Tractatus Theologico-Politicus, in *Spinoza, Opera*, 69.

（11）たとえば、一九世紀のユダヤ哲学者シュタインハイムは、スピノザにならって思想と行為を区別したメンデルスゾーンに対して、「頭は教徒で、体はユダヤ人」という批判を述べている。cf. 手島勲矢『ユダヤの聖書解釈――スピノザと歴史批判の転回』岩波書店、二〇〇九年、一八八頁。二〇世紀のユダヤ思想家ヘシェルも、スピノザやメンデルスゾーンの立場を、律法の外的遵守を強調して内的な献身的信仰の重要性を軽んじる「宗教的行動主義（religious Behaviorism）」であると批判した。

（12）Julius Guttmann, Mendelssohns Jerusalem und Spinozas Theologisch- Politischer Traktat, in: *48er Bericht der Hochschule für die Wissenschaft des Judentums*, Berlin, 1931, S. 61. 論文入手に際しては佐藤貴史氏のお世話になった。記して感謝申し上げる。

（13）Ibid., S. 53. 宗教に関する新しいコンセプトをもたらしたのは、後のローゼンツヴァイクやブーバーであったのかもしれない。

（14）Michael A. Meyer, *The Origins of the Modern Jew*, Detroit: Wayne State University Press, 1979, p. 56.

第Ⅱ部

ユダヤ人哲学者の格闘の記録

第四章　モーゼス・メンデルスゾーンとユダヤ自治

はじめに

モーゼス・メンデルスゾーンは、国民国家形成期のヨーロッパ社会に参入していく転換期のユダヤ人を象徴する人物であり、ユダヤ人の近代を考えるうえで欠くことができない存在である。

メンデルスゾーンに関しては、その象徴性のゆえに、後世の人びとによって様々なイメージが語られてきたわけだが、当のメンデルスゾーン自身は、実際のところ、いかなる形態のユダヤ自治を構想していたのだろうか。西欧のユダヤ世界では、ゲットーの中での生活を余儀なくされていたユダヤ人共同体が、近代化の過程で外部世界と接触したことで、近代国家の中に自らを定位するとともに、共同体の性格を再定義する必要性が発生した。外部の国民国家と関わりをもちつつ、どのような自治を維持するのか。メンデルスゾーンは、ユダヤ人共同体の内部にとどまりながら、この課題に挑戦することになったのである。(1)

一　フリードリヒ大王の統治下を生きたメンデルスゾーン

メンデルスゾーンの生涯は、プロイセンのユダヤ人の法的地位の変化と密接に連関している。メンデルスゾーンは一七二九年にデッサウに生まれ、一四歳の時に、師匠のラビ・フレンケルの跡を追ってベルリンへ移住した。アルトマンも指摘するように、メンデルスゾーンが同地に到着したのはフリードリヒ大王の治世下の三年目であり、大王と同年の一七八六年に死去している。[2] メンデルスゾーンは、名実ともにフリードリヒ大王の時代を生きたユダヤ人であったといえる。大王の治世下では、後の「プロイセン一般ラント法」（一七九四年）に結実することになったように、法体系の整備と一元化が進んだ。その中で、王国内部のユダヤ人の法的身分を定める特別法が制定され、同国の司法体系へのユダヤ人共同体の取り込みが進行した。大王は、プロイセン王国の勢力拡大のために数多くの戦争を行なったが、大王の戦争を支えた人びとの中には、エフライム家やイツィヒ家といったユダヤの大商人の姿があった。両家の人びとはメンデルスゾーンとも親しい関係にあった。

一七五〇年には、フリードリヒ大王によって改定一般特権規則基本法（Erlaß eines Revidierten General-Privilegiums und Reglements für die Judenschaft im Königreich Preußen）が発布され、プロイセン在住のユダヤ人の滞在資格や従事できる職業の範囲が細かく規定し直されることになった。この法律は、一方では中世以来のユダヤ人への偏見を残しつつも、他方では、特に経済的利益の観点から近代国家におけるユダヤ人の法的身分を確定しようとしている点で近代的な性格も有していた。[3]

この法律では、プロイセン在住のユダヤ人が、おおよそ、六つのカテゴリーに分類されていた。[4]

①キリスト教徒とほぼ同じ権利を有する、裕福な少数のユダヤ人の特権階級。一般的特権をもつユダヤ人

（Generalprivilegierte Juden）と呼称される。

②正規の保護ユダヤ人（Ordentliche Schutzjuden）。職業活動の自由をもち、特定の場所での市内共生を許可されている。実子一人が相続権をもつ。

③非正規の保護ユダヤ人（Ausserordentliche Schutzjuden）。医師や彫り物師など、有益な職業をもつがゆえに滞在を認められている人びと。権利をもつのは本人のみで、しかも一代限り。

④ユダヤ人教区の公的職員。ラビもここに属する。非正規の保護ユダヤ人とほぼ同じ身分保障をもつ。

⑤恩情によって居住を認められているユダヤ人。上位のカテゴリーに属するユダヤ人の家族。正規の保護ユダヤ人の子ども、非正規の保護ユダヤ人の子どもたち。

⑥一般的特権をもつユダヤ人の使用人。

法律の発布当時のメンデルスゾーンの身分についてみると、彼は、組織物工場の工場主イザーク・ベルンハルトの使用人（家庭教師）という名目で六つ目のカテゴリーに入ることで滞在許可を得ることになった。一七五三年からベルンハルトの工場の社員となり、ベルンハルトの死後、一七六八年には共同経営者に就任した。生業の傍らで、メンデルスゾーンは、友人レッシングの斡旋によって文壇にデビューし、一七五〇年代の後半から、徐々にベルリンの代表的知識人としての名声を獲得していくことになる。そして、ベルリンのアカデミーの懸賞論文で一位を受賞した年である一七六三年になって、ようやく非正規の保護ユダヤ人としての権利を取得したが、その資格は一限りのもので、子どもには引き継がれないものであった。[5] メンデルスゾーンはドイツのソクラテスとしての名声を得ながらも、その名声と法的地位の関係はアンバランスなままであった。彼は、生涯、正規の保護状を得ることはできなかったのである。

メンデルスゾーンが後半生において関与したユダヤ教やユダヤ人共同体に関する案件を通覧しておこう。メンデルスゾーンの生涯において転機となったのは、一七六九年のラーヴァター事件である。ラーヴァター事件とは、スイスの哲学者ヨーハン・カスパール・ラーヴァターが、メンデルスゾーンに対して、シャルル・ボネの著作の論評という形を通して、キリスト教を正式にするか、さもなくばキリスト教に改宗せよ、との挑戦を行なった事件のことを指す。この事件以後、メンデルスゾーンは、啓蒙知識人でありながらユダヤ教にとどまり続けることを矛盾と考える人びとの批判にさらされることになった。批判者は、ユダヤ教を特殊な時代遅れの宗教であると考えていたのである。こうした批判に応えることがメンデルスゾーンの後半の課題となった。主著の『エルサレム――あるいは宗教権力とユダヤ教』もこうした経緯の中で執筆された作品であった。また六九年にはベルリン王立科学アカデミーによるメンデルスゾーンの会員就任への推挙を大王が却下するという事件もおこっており、この時期以降、メンデルスゾーンは最期まで体調がすぐれない日々が続くことになる。

一七七〇年代になると、メンデルスゾーンは、その名声の高まりに応じて、各地のユダヤ人共同体が政府機関との間で抱えていたトラブルの調停活動に乗り出すことになった。この一連の活動中に、後述するように、メンデルスゾーンは、ドームやクラインといったプロイセンの官僚とラビの間に立ちながら、ユダヤの宗教法とプロイセン法の関係のあり方について自らの見解を練り上げることになった。そこで取り上げられたテーマは、埋葬、財産、宣誓など、多岐にわたっている。一部をあげれば以下の通りである。

一七七二年には、メンデルスゾーンは、メックレンブルク・シュヴェリーンのユダヤ人共同体の要請を受けて、ユダヤ教徒の早期埋葬（死亡当日に埋葬するのが原則であった）を禁止する命令を撤回するための活動を行なった。当地の公爵は、蘇生の可能性などの近代的な医学上の配慮から、埋葬までに三日間待つようにとの命令を下した。メンデルスゾーンは、早期の埋葬と早期に故人を家から移動させることは概念として異なることを根拠にして、ユダヤ教の本質に関わるのは早期の移動のみであると主張し、命を救うためには早期埋葬に例外もありえることは聖書やラビ文献が認めている、と主張した。メンデルスゾーンは、早期に死亡確認ができないケースは現実的には稀であることから、ユダヤ人は伝統的な埋葬習慣を続けてもよいが医師による死亡証明を必要とするという妥協案を提案し、公爵も納得した。しかし、メンデルスゾーンの見解をめぐって、その後、アルトナの高名なラビであるヤーコプ・エムデンとの間で論争が勃発した。エムデンは早期埋葬を容認するメンデルスゾーンの見解をユダヤ教の律法の権威を揺るがすものとして厳しく批判した。一方、カントの弟子でもあるマルクス・ヘルツは『ユダヤ人の早期埋葬について』という書物を出版し、医学的根拠にもとづかない習慣を続けることがユダヤ人の解放を妨げかねないことに警鐘を鳴らした。

さらに、一七七〇年代には、プロイセン政府がベルリンのユダヤ人共同体に対してユダヤ法の概説書の提出を要求した。目的は、ユダヤ人共同体の訴訟問題について、ユダヤ法を参照しながらプロイセンの法廷内で裁判可能にすることであった。メンデルスゾーンは、ラビ・レヴィンを補佐し、一七七八年に『ユダヤ人の儀礼法』を出版した。これはユダヤ人共同体の紛争の解決が最終的にはプロイセン国家の司法判断のもとに置かれることを許容するものであり、国家が共同体に対して上位の審級にあることを明確に示すものであった。

一七八〇年には、金融業や商業活動による周囲の社会との軋轢から反ユダヤ的な機運が高まっていたことにより、アルザスのユダヤ人共同体がメンデルスゾーンにフランス政府に提出する意見書の作成を依頼した。彼は意見書を作成するにあたってプロイセンの官僚であるクリスチャン・ヴィルヘルム・ドームに協力を依頼した。これが契機となって、ドームは『ユダヤ人の市民的地位の改善について』を執筆した。この問題については次節で詳しく検討する。

一七八二年に、メンデルスゾーンは、プロイセンの官僚（ブレスラウの顧問官補）であるクラインの要請により、ユダヤ人の宣誓様式の改革にも協力している。よく知られているように、クラインは「一般ラント法」の制定にあたって中心的な役割を果たした人物であった。注目すべきは、政府側とユダヤ人側が相互に協力して宣響様式の内容を検討した点である。まずメンデルスゾーンから現行の宣誓様式に関する所見やユダヤ教に通った宣誓様式に関する提案の文書が提出され、それをもとにクラインが草稿を起した。メンデルスゾーンがさらにコメントを述べた後で、最終案が作成された。

メンデルスゾーンは、晩年には、啓蒙主義運動を促進した団体として知られるベルリン水曜会に名誉会員の立場で参加している。最晩年のメンデルスゾーンは、いわゆる汎神論論争で疲弊したこともあり、啓蒙主義から移行しつつあった当時の新思潮（疾風怒濤など）には警戒心を抱きながら一七八六年にその生涯を終えることになった。

二　クリスチャン・ドームと『ユダヤ人の市民的地位の改善について』

前節で触れたクリスチャン・ドームとの関係は、ユダヤ人共同体の自治をめぐるメンデルスゾーンの主張に大きな影響を与えている。

ドームは、後期啓蒙主義の代表者の一人と目され、プロイセンの役人であると同時に文筆家としての生涯を送った人物である。ドームの著作『ユダヤ人の市民的地位の改善について』（以下『市民的地位』と略称。第一部一七八一年、第二部一七八三年）は、ハプスブルク家の皇帝ヨーゼフ二世によるユダヤ人への寛容令発布やフランス革命期のユダヤ人の人権獲得に、直接・間接の影響を与えることになった。官僚であるドームの議論は政策提言的であり、『市民的地位』はユダヤ人の市民権をめぐる当時の様々な疑問に答える内容をもっていた。ゆえに同書は、ユダヤ人をとりまく状況の改善を訴えた著作として、レッシングの『賢者ナータン』に並ぶ作品として広く知られていた。

『市民的地位』において、ドームは、ユダヤ人の人間としての権利を尊重すべきことを主張し、ユダヤ人の宗教が彼らの市民権の妨げになるものではないことを主張した。しかし同時に、ドームはユダヤ人が市民権を獲得するために受け入れるべき数々の条件も提示した。著作のタイトルが示す通り、ユダヤ人は、特に道徳の面での改善を必要とする存在である、というのがドームの認識だったのである。ユダヤ文化研究者のブーレルは、『市民的地位』に関して、ユダヤ人への理解と偏見の双方をもつ著作である、という言い方をしている(6)。

まず、メンデルスゾーンとドームを関係づけた経緯を簡単に説明しておこう。一七八〇年にアルザス地方で最も著名なユダヤ人として知られていたセール（セルフ）・ベールが、メンデルスゾーンに対して、アルザスにおけるユダヤ人の窮状をフランス政府に訴えるための報告書の作成を頼んだ。(7) この要望を受けて、メンデスゾーンは、ドームに報告書の共同作成作業を依頼した。この報告書は、後に『市民的地位』の第一部に添付されている。『市民的地位』の序言で述べられているように、ドームは、かつてアジアの諸民族の歴史研究をしていた頃から、離散以降のユダヤ民族の歴史に関心を抱いており、機会があれば研究成果を公にしたいという希望をもっていた。メンデルスゾーンとの共同作業が改めて彼に執筆への刺激を与える形になって、一七八一年にまず『市民的地位』の第一部が出版された。その後、第一部への反響や反論に対する回答も含めた上で、第二郎が一七八三年に出版された。

次に『市民的地位』でのドームの基本的主張を確認しておきたい。ドームの議論は、人間の平等という啓蒙主義の思想と、国家の政策論という二つの視点をベースにしている。前者の啓蒙主義の思想に関しては、ドームは、同じ人間である以上、ユダヤ人には平等な権利が与えられるべきであるという議論を展開した。同書では次のように述べている。「ユダヤ人は、ユダヤ人である以上に、まずもって人間である」(8)。この場合、ドームは特別にユダヤ人を擁護する議論を展開したわけではなかった点に注意する必要があるだろう。後者の政策評論においては、ドームは、ユダヤ人に対して平等な市民的地位を与えることは、正当であるのみならず、国家にとって有益（nützlich）であることを主張した。たとえば、ドームは、国力を増大させるためには、国民の数を増やすことが必要であり、ユダヤ人の受容もその観点から検討すべきである、と述べている。

ユダヤ人について論じる場合に、ドームの著作に一貫して見られるのは、いわゆる「環境説」である。つまり、しばしば非難の対象となるユダヤ人の性格は恒久的なものではなく、長年にわたる抑圧的な環境のせいで形成されたのだ、という主張である。したがって、それは、ユダヤ人のみに特有のものというよりは、そのような環境に置かれれば、どの民族も持ちうる性質のものなのだ、とドームは述べている。

ドームは、『市民的地位』の七年前に出版された『アジアの最も有名ないくつかの民族に関する簡潔な特徴づけの試み』（一七七四年）の中で、すでに環境説の原型となる発想を提示している。

他の諸民族への軽蔑や憎しみは、ヘブライ人の集団にとりわけ強く見られるものだが、これを理解するには、おそらくユダヤ人の性格と彼らの置かれた状況の両方を考慮に入れる必要がある。というのも、抑圧された側が、抑圧者を憎まず、できうるなら抑圧者を軽蔑することで自らを慰めようとしないことがあるだろうか。この状況というものが、ヘブライ人の性格に、ヴォルテールが国民に特有の悪と称したいくつかの特徴を刻印したのであろう。ユダヤ人は、ずる賢く、不誠実で、嘘つきなのだろうか？　しかし、商売しか許されておらず、他の市民よりも五倍も六倍も多くの税金を支払わされる国で生活しようとする場合に、彼らがそうした性格をもたないことがあるだろうか？

おそらく、ユダヤ人は、抑圧がより少ない国にいれば、嘘つきであることはより少なくなるはずだ。少なくともトルコでは、彼らは、宮廷や重要人物たちの高潔な代理人であり、ギリシャ人よりも信頼され、しばしばヨーロッパのキリスト教徒よりも尊敬されていたのである。[9]

環境説は『市民的地位』でも、その議論の基礎をなしており、『市民的地位』ではドームは「ユダヤ人は現状より道徳的かつ政治的により良い存在になるかどうか、そしてそれはどのような手段によってか」という問いを掲げている。[10]この場合、注目すべきは、政治と道徳が直結した形で論じられている点である。したがってドームにおいては、市民権の議論が道徳的性格改善論へと直結することになる。結果として、ユダヤ人が自らの道的性格を改善することが市民権獲得の条件として提示されることになった。ドームは、ユダヤ人の現在の性格上の欠陥はひとえに外的環境によるのであり、改善が不可能な人間は存在しないと主張した。もちろん、ユダヤ人が現状として改善すべき存在であるという主張は、ユダヤ人側から見れば問題発言であることは言うまでもない。

環境説は、啓蒙主義における人間性の可塑性という考えにもとづくものである。環境にして、ドームはいくつかの提案を行なった。特に重要なのは、ユダヤ人の職業に関するものである。ドームは、ユダヤ人の道徳的性格は彼らが商業に従事していることに由来するので、ユダヤ人を商業以外の農業や手工業へと職業転換させることで、彼らの性格を改善すべきである、と主張した。ドームは、ユダヤ人の道徳的かつ政治的な性格を改善するために、ユダヤ人の教育制度の改革も強調した。ドームは、キリスト教徒の学校へユダヤ人の子弟を受け入れて、近代の学問を学習させるべきことを提言している。ユダヤ人側の教育改革論者は、この主張によって大きな後ろ盾を得ることになった。

ドームはユダヤ人の国家への政治的統合を提案する一方で、ユダヤ人共同体の宗教的自治を積極的に認める発言を行なっている。宗教に関する決定権を市民権の重要な要素と考えたからである。具体的には、ユダヤ人共同体に対して、礼拝の自由、シナゴーグの建設、ラビの雇用、そして破門の権利を認めようとした。さらには、法的自治に関しても、ユダヤ人同士の裁判の場合には、複雑なユダヤ法を参照することの煩雑さを避けるために、まずはユダヤ人共同体内部で自己決定させる方が望ましいとの見解を表明した。

三　ユダヤ人共同体の法的自治の制限

一七八一年にハプスブルク家の皇帝ヨーゼフ二世が、ボヘミアのユダヤ人への寛容令を発布した。その後、帝国内のそれ以外の地域のユダヤ人への寛容も発布された。メンデルスゾーンはこのような機運を盛り上げるために自らも貢献しようとした。しかし、一方で彼はユダヤ人の市民的地位の問題については、キリスト教徒の側から自発的な形で議論されるのが望ましいと考えていた。普遍的人間性をめぐる議論がユダヤ人の党派的な主張として受け止められることを恐れたからである。メンデルスゾーンは、ドームの著作が刊行された後で、ドームの主張を補足・修正するために、メナセ・ベン・イスラエルの『ユダヤ人の救済』のドイツ語訳を出版するに際して、長文の序文を付す形で刊行し、公的な議論へと参加することになった（正式名称は『メナセ・ベン・イスラエル「ユダヤ人の救済」――軍事顧問官ドーム氏の論文「ユダヤ人の市民的地位の改善について」への補遺』。以下、メンデルスゾーンの序文については『序文』と略称）。ドームの『市民的地位』は、出版後に、賛否両論の大きな反響を巻き起こした。反対者のうち著名な人物は、東洋学者であり聖書学者のミヒャエリスである。反論の中心は、ユダヤ人に性格改善は見込めず、経済的な観点からの貢献が見込まれるとはいえ、ユダヤ人に権利を与えることは、道徳的な観点から見ればプロイセン王国の強化につながらない、といった主張にあった。

それでは、メンデルスゾーンはドームに対してどのような議論を追加したのだろうか。先に、ドームの『市民的地位』がユダヤ人への理解と偏見の著作であるというブーレルの言葉を紹介したが、メンデルスゾーンによる序文は、ユダヤ人の待遇改善への期待と懐疑の双方が読みとれる内容になっている。

まず基本的な語彙の面では、メンデルスゾーンは、ユダヤ人に関して、ドームのタイトルにある「改善（Verbesserung）」という言葉を用いず「受容（Aufnahme）」という表現を使用している。ユダヤ人は道徳的に改善を必要とする存在ではないからである。メンデルスゾーンは、序文の冒頭では、レッシングの『賢者ナータン』、ドームの『市民的地位』、ヨーゼフ二世の寛容令を、啓蒙主義の精神が引き起こしたユダヤ人問題に関する肯定的な変化として受け取り、このような時代をもたらした神の摂理に感謝している。ここには、啓蒙主義に対する強い期待感と実感が存在する。しかし、メンデルスゾーンは、他方では、啓蒙の精神が古い宗教的偏見を完全には除去できていないことを憂慮する発言も残している。

『市民的地位』は、ユダヤ人問題の中心テーマが宗教問題から政治問題へと変化する状況下で書かれた著作であった。一八世紀後半には、ユダヤ人問題の焦点は、異教徒としてのユダヤ教徒から国民国家のアウトサイダーとしてのユダヤ人へと移行していた。しかし、問題の焦点が変化したとはいえ、新しい政治的偏見が古い宗教的偏見の上に築かれていることをメンデルスゾーンは見逃さなかった。「私たちの世紀の理性と探求の精神は、過去の歴史上のあらゆる痕跡を駆逐するには至っていない。古い時代の伝説がいまだに残っている。なぜなら、いまだに誰も伝説を疑おうとしないからである」(JubaA, VIII, 7-8)。

ここでは、メンデルスゾーンは、古い偏見の具体例として、身体税を支払っていたとしても、悪霊を呼び寄せるとでも思われているのか、ユダヤ人は夜間に市内に入ることを許されておらず、キリスト教徒の子どもを殺害し井戸に毒を入れるかもしれないと恐れられているため常に監視されていることを述べている。さらに、一六世紀のブランデンブルク選帝侯ヨアヒム二世の殺害に対する嫌疑が宮廷ユダヤ人リッポルドにかけられ、冤罪であるにもかかわらず無残な仕方で処刑された事件に言及し、いまだにリッポルドが無罪であることを知らない人が多いのだ、と述べている。

ところで、メンデルスゾーンはいくつかの点でドームの議論を批判しているが、そのうちの重要なものを紹介しよう。

第一に、メンデルスゾーンは、ユダヤ人に商業からの職業転換を要求する議論に対して反論を加えている。メンデルスゾーン自身が組織物工場の経営者として商業に従事していた以上、こうした主張は到底受け入れられるものではなかった。彼は、流通を中心とする商業が何も産出してはいないという主張に対して、商人はその計画立案においてまさに産出行為を行なっているのだ、と述べている。製品や農産物を世界に行き渡らせることで経済を支えているのは、まさに商業なのであり、商業こそが国家にとって有益なのである。また商業の自由は、自由な精神の確立と密接な関係をもっている。商業国家オランダの繁栄とそこでのユダヤ商人の活躍を成功例として引き合いに出しながら、メンデルスゾーンは、国家によるユダヤ人の強制的同化ではなく、商業の自由を媒介としてユダヤ人が社会へと漸次的に進出してゆく未来を主張している。

続いて、本章において最も重要な次の論点、すなわち法的自治の問題へ移ろう。ドームはユダヤ人の共同体に対して広範囲な宗教的自治を認めようとしたが、そこに司法権が含まれていることに対して、メンデルスゾーンは批判的であった。その理由は、メンデルスゾーンが、ユダヤ人の宗教共同体が法権力を背景にして異端者を追放する権限をもつことに対して強い疑義を抱いていたことにある。その意味では、メンデルスゾーンはユダヤ人共同体の法的自治に制約を課しているのである。『序文』に次のように述べられている。

ドームのような、あれほどに明敵な作家が、……なぜ次のように言うことができるのか、私にはほとんど理解ができない。「あらゆる教会にもとづく社会と同様に、ユダヤ教的な社会も、一時的ないしは常に、追放する権利をもたねばならない。反抗するものが現れた場合は、ラビたちの判断は、政府の助力によって支えられねばならない」。どの社会も追放する権利をもっているように私には思われるが、教会だけはそのような権利をもたない。なぜなら、追放する権利は教会の最終的目的に真っ向から反しているからだ（JubA. VIII, 22）。

メンデルスゾーンは、『序文』の後に出版された『エルサレム』第一部では、異端者を追い出すのは、あたかも病人に薬を与えず放置するようなものだ、と述べている。メンデルスゾーンは教会が権力をもち、異端者を排除することは、まさに啓蒙主義の自由の精神に反すると考えたのである。この場合、当時のドイツ社会の一般的な意見とは異なり、ユダヤ教は、そのような啓蒙の時代の宗教にふさわしい宗教であるというのが、メンデルスゾーンの主張であった。『エルサレム』の第一部では、国家と教会（宗教団体）の性格の違いについて、より詳細な議論が展開されている。まず、国家と教会は社会の幸福を増大させるという共通点をもっている。両者の違いは次の点にある。国家は契約にもとづき、法的強制力をもつ。したがって従わない者を追放する物理的な権力を有している。それに対して、宗教は契約にもとづく強制ではなく、各自の自発的な意志にもとづいている。善行は自発性にもとづいてこそ、有意義なものとなり、やりがいのあるものとなる、というのがメンデルスゾーンの思想であった。宗教の役割は強制ではなく、説得と説明である。教会は服従しないものを強制的に排除するのではなくて、最後まで説得を続け、あたたかく包摂するのでなければならないのである。メンデルスゾーンは、排除を許容しないユダヤ教の精神はソロモン王が神殿を建てた際に異教徒を排除しなかった言葉（列王記上八：四一―四三）のうちにも見られることを指摘する。[11]メンデルスゾーンはこの精神をもつように同時代のラビたちにも訴えているのである。

ドームはユダヤ人同士の裁判についてはユダヤ人共同体の内部に決定権限を認める趣旨の発言をしていたわけだが、これに対して、メンデルスゾーンは、裁判において裁判官のもつ宗教の違いは問題とはならないので、裁判官はキリスト教徒でも構わないが、ユダヤ人共同体に関わる訴訟を裁く場合には、裁判官はユダヤ法について学習しなければならない、と主張した。『序文』でのメンデルスゾーンは、医者にかかるときに、腕のよい者であれば、その医者の宗教を問題にするだろうか、という意見を述べている。

「ユダヤ教徒の裁判官とキリスト教徒の裁判官のどちらが判決を下すべきなのか」。これに対しては公的な裁判官（obrigkeitliche Richter）が決定すべきであると答える。ユダヤ教徒であるのか、それとも別の宗教に所属しているのか、といったことはこの場合関係がない。国家の成員たちにおいて、彼らが宗教に関してどのような見解を付け加えたとしても、人間としての平等な権利を享受しているのであれば、このような宗教の違いは問題にはなりえないのである。……私たちは、私たちの健康や生命について、宗教の違いには関係なく、医者を信頼しようとする。それならば私たちの財産も当然裁判官に委託することになるだろう。腕に覚えのある良心的な医者ならば、明日死刑が執行される犯罪者であっても、今日は彼の技術のすべてを使って、治療をし、苦しみから解放しようとする。それと同様に、裁判官は、彼が人間であるなら、この世の善行に関して正義を与えようとするわけだが、その場合、彼の宗教の原則にしたがうなら、その相手はあの世では地獄に落ちるかもしれないし天国へ行くかもしれないのである（JubA. VIII. 17–18）。

第一節で触れたように、実際、メンデルスゾーンが執筆に協力した『ユダヤ人の儀礼法』は、プロイセン王国の司法当局に対して裁判の際の資料を提供するものであり、裁判官が中立的であるのなら、その人は何教徒でも構わないというのがメンデルスゾーンの考えだったのである。これは世俗国家内の法的中立性のもとで宗教的多元性を要請したものといえるだろう。しかし、ユダヤ啓蒙主義の研究者であるファイナーが指摘するように[12]、これは、国家による共同体への一方的介入を許したということではなくて、司法の中立性を担保しつつユダヤ人共同体内部の自発的な改革を切望した、と解釈するべきであろう。

もちろん、メンデルスゾーンは、国家が十分に中立的ではない段階で、ユダヤ人の宗教共同体に介入してくる危険性について十分に自覚的であった。実際、この段階のプロイセン王国やハプスブルク帝国は宗教上の中立性を十分には達成していなかったので、厳密な意味での世俗国家ではなくて、半世俗国家というべきものであった。クランツが、メンデルスゾーンの『序文』を批判する書物の中で[13]、啓蒙主義者としての反儀礼主義の立場を背景にしながら、結婚に関する儀礼的要素を払拭していく中で、結婚が宗教から独立した市民契約へと変化しつつある時代状況に肯定的に言及したのに対して、メンデルスゾーンは、『エルサレム』第一部で次のように反論した。ユダヤ人夫婦の片方がキリスト教に改宗した場合に、宗教の違いは婚姻に関係しないという理由で離婚を認めないということになると、現実にはマイノリティの宗教にとどまる非改宗者の側がマジョリティの宗教に改宗した側の影響を受けることになる以上、個々人の自発的な宗教的良心を尊重して宗教上の理由にもとづく離婚が認められるべきなのである（JubA. VIII. 120–121）。つまりは、中立性の主張がマジョリティの影響力拡大の隠れみのになる事例を危惧しているのである。

さらに、メンデルスゾーンは、ヨーゼフ二世の寛容がユダヤ人を解放に導くというよりは、ユダヤ人の宗教の独自性を失わせる悪しき同化へと向かいかねない点にも十分に自覚的であった。メンデルスゾーンは『エルサレム』の後半ではこの点について次のように述べている。「君たちや私たちすべての幸福にとって、信仰の統一は寛容ではない。それは、真の意味で我慢強く受容することとは真っ向から対立するのだ！」（JubA. VIII. 203）。ヨーゼフの寛容令は、一方ではユダヤ人の活動領域を拡大するシグナルを送った点で歓迎されたものでもあったが、帝国にとって有益である限りで寛容をほどこすという姿勢が明確であり、ユダヤ人に公的場面でのヘブライ語やイディッシュ語の使用を禁止するなど文化面でも様々な制約を課すものであった。

以上の議論では、国家の宗教的中立性が要求されるだけでなく、ユダヤ人の共同体の側も意見の異なる人物を排除すべきでないことが強調されている。宗教的制裁が市民生活に直接影響を与えないようにすることはもちろん重要であるが、そもそも宗教的制裁自体が宗教の趣旨に反している。メンデルスゾーンは、宗教共同体に追放権を与えることがもたらす様々な害悪に言及する。ドームは、『市民的地位』において、異端者が宗教的共同体から追放されたとしても、世俗国家の市民として問題なく生活できることを主張した。しかし、メンデルスゾーンはそのような異端者には実は行き場所はなく、生易しいものではないことを主張している。いかに内面に自らの宗教を保持していたとしても、外的な礼拝を許されないとしたら、その人は幸福ではありえないだろうからである（JubA. VIII, 23）。

当時、ユダヤ人の市民権獲得に反対する人びとの間では、独自の規範体系をもつユダヤ人たちに市民権を与えることは、国家の中にもうつの国家を認めることになりかねない、という議論が展開されていた。メンデルスゾーンは、この点を十分に意識しており、宗教権力を批判することで、ユダヤ人の宗教共同体が国家と拮抗するような組織ではないことを主張したのである。ユダヤの律法は、市民法ではなく、宗教儀礼なのである。この場合、律法がもつ「儀礼法（Zeremonialgesetz）」としての機能が、ユダヤ人の宗教共同体を維持する要となってくる。次節では、メンデルスゾーンの律法理解について検討することにしたい。

四　『エルサレム』における律法理解

『エルサレム』でのユダヤ教に関するメンデルスゾーンの主張を確認しておこう。メンデルスゾーンは、真理概念に関して、永遠真理と歴史的真理・時間的真理に大別する。永遠真理は理性と感覚的知覚にもとづき、歴史的真理は感覚的知覚と同時に権威と証言にもとづいている。永遠真理は時と場所を問わず人類が理性や感覚を通して理解できるものであり、宗教の核心にはこの永遠真理がある。その一方で、歴史的真理は限定された時と場所でのみ与えられるものであり、宗教的な伝承は後者に属する。

メンデルスゾーンはユダヤ教の永遠真理に関わる要素について次のように述べている。「ユダヤ教は、至福に到達するために欠かすことのできない永遠真理が排他的に啓示されていることを誇ってきたことはない。……かの記念すべき日に、シナイ山で耳にした、あの声、『私は永遠なるもの、汝の神である！　必然的かつ自立的な存在であり、全能にして全知の存在である。人間たちにその行ないに応じて来世で報いようとする存在なのだ』という声は、普遍的な人間宗教であり、ユダヤ教ではないのだ」（JubA. VIII. 165）。ユダヤ教の中にも含まれる永遠真理は、それ以外の宗教にも共有されている人類普遍の真理であり、自然的宗教として言い換えることができる部分である。それではユダヤ教の特性はどこにあるのか。

それは、ユダヤ教の律法がモーセによって歴史的に与えられた点にある。これは歴史的真理の問題である。その場合、メンデルスゾーンは、ユダヤ教が啓示された「宗教」ではなくて、啓示された「法（律法）」であることを強調する。神がモーセに対して超自然的な仕方で啓示したのは、行為に関わる法であって、信条ではない。命令されているのは法にもとづく行為だけであって、ドグマとしての教義を信じるように命令されてはいないのである。永遠真理に関わる部分が自然の事柄として与えられるのに対して、歴史的真理の部分は言葉や文字を通して与えられる。つまりは共同体を通した伝承の問題となるのである。

ここで、いくつかの注意すべき点がある。一つ目はスピノザとの関係である。啓示の違いに対応させる形でユダヤ教において普遍と特殊を分ける二分法自体は、メンデルスゾーンがスピノザから踏襲したものといえる。しかし、スピノザとは違って、メンデルスゾーンの場合、ユダヤの律法は世俗の法ではなくて、あくまで宗教的な神的な法である。さらにもう一つ、こうしたメンデルスゾーンの考えは、しばしば〈教義における自由と行為における従順〉という立場として理解されてきた。律法に従って行為しながらも、行為の意味については自由に思索をめぐらし議論を展開することができるのである。この場合、儀礼的行為には意味があり、内面が伴っているので、単なる面従腹背ではない。『エルサレム』第一部でも、国家が命じる順法行為は心が伴っていなくても成立するが、心を伴わない宗教行為ほど空虚なものはないことが述べられている（JUbA. VIII, 113）。

律法は歴史的に与えられたものだが、永遠真理と無関係ではない。律法にもとづく行為には、儀礼を行なう中で永遠真理を思い出させる役割がある。「律法は、すべて、永遠真理と関係し、永遠真理にもとづいている。あるいは、永遠真理を思い起こし、それについて思いをめぐらすように誘うのである。だから、私たちのラビは正当にも次のように述べている。『律法と教説は互いに体と心のような関係にある』」（JubA. VIII, 166）。

メンデルスゾーンは、『エルサレム』の第二部では、言葉や文字の歴史について考察しており、儀礼法をヒエログリフとアルファベットとの対比の中で考えようとしている。ヒエログリフには象徴自体を神格化する偶像崇拝の危険がある。アルファベットは人間を文字人間にすることで、生と思想の連関を断ち切ってしまう。儀礼法はその両方のデメリットを逃れている。メンデルスゾーンの理解では、儀礼法の中にこそ、社交性を失わせずに、人間同士の交わりを通して宗教的真理を自発的に継承する仕組みが存在する。「儀礼法自体が一種の生きた文字である。精神と魂を刺激し、意味に満ちたものとして、たえず人間を思考へとさそい、口伝の教えを学ぶ機会を与えるのである」（JubA. VIII, 169）。近代ユダヤ思想研究者のフロイデンタールにならってまとめると、儀礼法にはおおよそ三つの機能がある。[14] 儀礼法は、第一に、真理を想起させ、宗教における知見を行為へと結びつける役割を果たしており、全体としては宗教的真理の伝達手段として機能している。第二には、宗教共同体を維持する機能として、第三には、個々人の自発的な問いかけと議論を許容するものとして、その役割を果たしている。これらの三つの特徴をメンデルスゾーンは簡潔に次のように表現している。「儀礼法は行為と観想、生活と教義を結びつける紐帯である。儀礼法は、学校と教師、問うものと教え導くものとの間で、人間同士の対話や社会的な結びつきを促進し、対抗心や学びの継承を喚起するのである」（JubA. VIII, 194）。

儀礼法によって共同体が維持されるにしても、それは画一化された形で維持されるわけではない。「対抗心

（Wetteifer）」とも言われるように、個々人が儀礼の意味について活発に論争する余地が残されている。しかし、それにもかかわらず、意見の異なる人物は排除されるわけではなく、儀礼という共通の枠組みをとおして個々人は結びついている。その意味で、個々人の自発的活動と共同体の宗教生活の双方を可能にするのが儀礼法なのである。この場合、儀礼法によって特に何が想定されているのかといえば、割礼、メズザー、テフィリンなどに代表されるような、離散状態にあるユダヤ人が神との契約を忘れないように記憶してゆくための諸儀礼である。

　このように、メンデルスゾーンは、儀礼法において、個人の自発性と宗教的共同性を結びつける役割を重視した。しかし、『エルサレム』第一部の宗教の自発性の立場を重く受け取るなら、ユダヤ教の律法に従うことは強制の事柄ではないので、それは自由な選択の問題になる。その意味では、強制ではないのに律法を順守し続けることの意味が問われることになる。[15]メンデルスゾーンは、『エルサレム』では、ユダヤ教徒が律法を守るユダヤ教徒にとどまる理由を宗教的な理由から説明している。

　神が結びつけたものを人間が解いてはならない（JubA, VIII, 199）。

　律法のうちに生まれたのではないものは、律法を守る義務を課せられてはいない。しかし、律法のうちに生まれたものは、律法に従って生きねばならない（JubA, VIII, 200）。

　このような発言は、一見すると、生来の宗教への帰属性を一方的に要請しているように見えるかもしれないが、たまたまそのような環境に生まれたという歴史的偶然性と裏腹の事態として考えるべきであろう。メンデルスゾーンは、一方で啓蒙主義の普遍的合理性の信奉者でありながらも、他方では、人間の生存にまつわる歴史的偶然性について鋭敏な感覚をもった人物であった。各人がそれぞれ偶然的環境を背景にして生きていることへの思慮を欠くとき、人間は他者に冷酷になるのではないだろうか。

結論としては、メンデルスゾーンは、あくまで、ユダヤの宗教法と世俗国家の両方を保持することを強調した。しかし、もし市民権の獲得が律法の廃止を条件とするなら、市民権の方を断念することをはっきりと断言している。

〔宗教と政治が完全に一つであった古代の理想的なユダヤ国家が消滅した後では〕国家は異教徒の支配下にあり、いわば異教徒の神から命令を受け取ることになる。一方で、生まれながらの宗教も存続しており、市民生活への一部の影響力を残している。……あなたが連れ去られた国の道徳と制度に適応せよ。しかしあなたの父祖の宗教もしっかりと保持するのだ。二つの重荷を可能な限り担うことだ（JubA, VIII, 198）。

市民社会への統合が律法から離れることでしか達成できないのであれば、私たちは律法にはまだ拘束力があると考えているわけなので、その場合は市民社会への統合の方を断念したいと思う。……どうか私たちを、兄弟や市民としてではなくても、この国に一緒に住んでいる人間（Mitmenschen）であり一緒に生活している人（Miteinwohner）として考えてほしい（JubA, VIII, 200）。

後半の引用には、市民権を認めるか認めないかの議論以前に、すでに事実として共に生活している人間同士ではないか、という主張を読み取ることができる。現在でも、移民の受け入れが議論になる時には、現時点であたかも一人も移民がおらず、これから初めて最初の一人を受容するかのような議論が行なわれがちである。しかし、そういった議論は、法的規制を厳格化する前から、すでに様々な形での移民との共同生活の実態があることを座視しているのである。

いずれにしても、メンデルスゾーンは、宗教的多元性を消去しかねないような市民的統合を拒否することで、ユダヤ人共同体の自治を確保しようとした。しかし、問題は、共同体内部で個々人の自発性が重視されるとき、ユダヤ人の共同体も一枚岩ではいられなくなったということである。この点について最後に考察したい。

おわりに

ユダヤ自治に関するメンデルスゾーンの後の時代のユダヤ教の二つの潮流、すなわち改革派ユダヤ教とネオ・オーソドックスとの関係から位置づけてみたい。一九世紀に入りユダヤ人のドイツ社会への進出が本格的に進む中で、改革派の人びとは進歩史観を背景にして近代社会に適応するために律法の改革を行なおうとした。それに対して、このような改革派の傾向を批判したのがネオ・オーソドックスと呼ばれる人びとであり、彼らは律法を時代状況に左右されない永遠の法として護持しようとした。しかし、ネオという形容詞が付くことから明らかであるように、彼らは単なるオーソドックスではなくて、律法を守りつつ、一方では世俗社会との関係も保持しようとした。

さて、メンデルスゾーンは、儀礼法として性格づけられた律法のうちにユダヤ人のアイデンティティを維持する核心を見ていた。そして、律法に関する議論の自由を強調しながらも、律法を削除したり修正したりすることは認めなかった。しかし、後続世代の中には、ユダヤ人の市民社会への参加を促進するために、律法を改革しようとする人物が多数登場することになった。ここでは、ザウル・アッシャーについて取り上げよう。

アッシャーは、フランス革命の影響を強く受けた人物で、政治関連の著述家として生涯を送った人物である。ユダヤ人差別とドイツのナショナリズムを批判することが彼の一貫した政治的立場であった。アッシャーは、一七九二年に二五歳で執筆した『レヴィアターン』の中で、改革派ユダヤ教の発想を先取りする思想を展開した。『レヴィアターン』は、議論全体の傾向としては、律法の中の儀礼法的要素を改革し、ユダヤ教の本質を簡略化された形で表現しようとしている。「ユダヤ教の本質」（レオ・ベック）という問題設定の先行例の一つである。宗教は人間が幸福になるための手段であり、律法も、歴史のある段階でのみ有効であった手段であって、それ自体が目的ではない、と主張した。彼はユダヤ教においてユダヤ教の本質に属するものと時代の要請に過ぎないものを分離しようとした。盲目的信仰と背教者の間で、中間の道として改革が選択されることになる。アッシャーの考えでは、ユダヤの律法はその多くがユダヤ人の自律を阻害するものとなっている。人間の自律こそが神の目的であって、この神の目的を見誤っている人が多いのは、ユダヤ教の見せかけを本質と混同しているからである。アッシャーはユダヤ教をカント的自律の思想によって表現する。

ユダヤ教は意志による真の自律にもとづいている。……自律を永遠に阻害するために律法を啓示するようなことは、神の意志ではない(16)。

アッシャーは、ユダヤ教を、プロテスタントのように、個人としてのユダヤ人が信仰告白によって自発的に入信できる形態へと変化させようとした。そして、ユダヤ教の本質を一四のドグマ（アッシャーは「ユダヤ教のオルガノン」と呼ぶ）に集約する。その概要は、唯一神を信じること、啓示の信憑性、善と悪への報い、安息日、割礼、神と預言者への信仰、死者の復活、などである。この主張によると、安息日や割礼以外の、たとえば食事規定などはユダヤ教にとっては本質に属さず余分なものと見なされることになった。

このような改革派の主張は、律法を人間による歴史的な形成物と考えている点に起因する。メンデルスゾーンは、ここまでの改革志向の思想の持ち主ではなかった。この点では、メンデルスゾーンの立場は、外部の世俗世界との関係を保ちながらも、律法を永遠普遍のものと考えたネオ・オーソドックスの方に近いといえるかもしれない。ネオ・オーソドックスは改革派へのリアクションとして登場したのであり、一九世紀の西欧世界ではユダヤ人共同体は各々のグループへと分派していくことになったのである。

議論をまとめよう。メンデルスゾーンの『エルサレム』では国家の強制力と宗教の自発性が対比された。ユダヤ人共同体は国家と拮抗するわけではないので、精神的なアソシエーションとでも呼ぶべき存在になっている。この理解は、ネオ・オーソドックスの代表者であるヒルシュも踏襲している。次に問題になるのは、精神的な結びつきが強調されたユダヤ人共同体の中身である。ユダヤ人をまとめているのは律法にもとづく儀礼行為であるが、個々人はあくまで自発的に法に従うのだという主張を推し進めると、アッシャーのような立場に着する。アッシャーは、カントにおける道徳法と自由意志の関係をユダヤ教の中に内在化させた端的な例といえる。これは、精神的な自治とでもいうべきものである。こうした個人化と精神化の方向は、『エルサレム』第一部の議論を強調するなら、メンデルスゾーンのうちにも胚胎されていた要素である。メンデルスゾーンの中には、改革派とネオ・オーソドックスの双方の可能性が潜在していたといえるだろう。国家と拮抗しないユダヤ人共同体の自治は、改革派においては、個々のユダヤ人の精神的問題へと変化していったといえる。

註

（1）本章は、下記の科研費の報告会での原稿にもとづいている。科研費の代表者の赤尾光春氏をはじめとして、多くの学びの機会を与えてくださった当科研費のメンバーの皆さんにお礼申し上げる。基盤（B）「『ユダヤ自治』再考――アシュケナージ文化圏の自律的特性に関する学際的研究」（課題番号26284115、二〇一四―二〇一六年）

（2）Alexander Altmann, *Moses Mendelssohn, A Biographical Study*, London/Portland/ Oregon: The Littman Library of Jewish Civilization, 1998（1973）, pp. 16–17.

（3）Jacob R. Marcus, *The Jew in the Medieval World*, New York: Hebrew Union College Press, 1969, p. 81.

（4）Altmann, op. cit., p. 16. 当時、フリードリヒ大王統治下のプロイセンのユダヤ人は、居住資格の制限意外にも、身体税（Leibzoll）、結婚時の陶器の強制購入、顎髭を剃ることの禁止など、多くの制約を課せられていた。

（5）メンデルスゾーンの死の直後、メンデルスゾーンの遺族は、生計の主軸を失い、保護状もメンデルスゾーンの死により無効となったことから、ベルリンを退去しなければならない危険性を想定して、メンデルスゾーンの蔵書を急いで売却している。Vgl Eva Engel (hg.), *Moses Mendelssohn, Schriften und Materialien*, Bd3, Göttingen: Edition Roerich Gesellschaft Deutschland, 2012, S. 1.

（6）Dominique Bourel, *Moses Mendelssohn, La naissance du judaisme moderne*, Paris: Gallimard, 2004, p. 200.

（7）セール・ベールについては、日本語で読める文献では次のものに詳しい。川崎亜紀子「アンシアン・レジーム期におけるアルザス・ユダヤ人と王権――セール・ベールとストラスブールとの対立を中心に」田村愛理・川名隆史・内田日出海編『国家の周縁――特権・ネットワーク・共生の比較社会史』刀水書房、二〇一五年。菅野賢治『フランス・ユダヤの歴史（上）古代からドレフュス事件まで』慶應義塾大学出版会、二〇一六年。

（8）Christian Wilhelm von Dohm, *Über die bürgerliche Verbesserung der Juden*, 2 Bände, Berlin und Stein, 1781–1783, II, S. 3–4.

（9）Heinrich Detering, *Christian Wilhelm von Dohm - Ausgewählte Schriften*, Detmold: Naturwissentschaftlicher und Historischer Verein für das Land Lippe, 1988, S. 32.

（10）Dohm, op. cit., II, S. 152.

（11）列王記上八：四一―四三「更に、あなたの民イスラエルに属さない異国人が、御名を慕い、遠い国から来て、――それは彼らが大いなる御名と力強い御手のことを耳にするからです――この神殿に来て祈るなら、あなたはお住まいである天にいましてそれに耳を傾け、その異国人があなたに呼び求めることをすべてかなえてください。こうして、地上のすべての民は御名を知り、あなたのイスラエルと同様にあなたを畏れ敬い、わたしの建てたこの神殿が御名をもって呼ばれていることを知るでしょう」（新共同訳）。

（12）Shmuel Feiner, *Moses Mendelssohn*, Göttingen: Vandenhoeck & Ruprecht, 2009, S. 143.

（13）クランツは、メンデルスゾーンが『序文』において強調した宗教的寛容や良心の自由の主張は現実のユダヤ教のあり方と矛盾するのではないか、という趣旨の批判を行なった。これに応えることが、メンデルスゾーンが『エルサレム』を執筆した一つの動機となっている。ちなみに、ここでの結婚の話題は、現実にウィーンに存在した事例（キリスト教に改宗したJosel Arnsteinというユダヤ人の男性がユダヤ教徒の妻と離婚することを欲しなかったという事例）を念頭において議論されている。

（14）Gideon Freudenthal, *No Religion without Idolatry, Mendelssohn's Jewish Enlightenment*, Notre Dame: University of Notre Dame Press, 2012, p. 228.

（15）バトニツキーはこの論点をかなり強調した解釈を行なっている。Leora Batnitzky, *How Judaism Became a Religion, An Introduction to Modern Jewish Thought*, Princeton/Oxford: Princeton University Press, 2011, p. 28.

（16）Saul Ascher, *Ausgewählte Werke*, Köln/ Weimar/ Wien: Böhlau Verlag, 2010, S. 177.

第五章　スピノザとメンデルスゾーン——汎神論論争が抱える「神学・政治問題」

一　汎神論論争の宗教的・政治的コンテクスト

汎神論論争とは、ドイツ啓蒙主義を代表する文人レッシングの死後に、晩年のレッシングが当時は危険な無神論の代名詞であったスピノザ哲学の信奉者であったというヤコービからの報告をめぐって巻き起こった論争である。そこでは、スピノザのみならず当時の支配的な哲学であったライプニッツ・ヴォルフ哲学も含めた、一七世紀以来の合理主義哲学の妥当性が中心的な議論となっていた。この論争は、レッシングの長年の友人であるユダヤ人の哲学者モーゼス・メンデルスゾーンとヤコービの議論の応酬から出発し、当時の代表的知識人たちに大きな影響を与え、啓蒙思想からドイツ観念論（ドイツ古典哲学）への思想運動の転換を促す原動力となった。

汎神論論争は、形而上学をめぐる論争にとどまらず、宗教的・政治的論争としての側面も有している。メンデルスゾーンにとって、この論争は、ヨーロッパ社会においてユダヤ人の哲学者がどのように言論上の立場を確保するのかという問いと密接に関係しており、これはスピノザにまでさかのぼる問題であった。特に、メンデルスゾーンの場合は、啓蒙思想とユダヤ教が矛盾するものではないことを証明することが課題となっていた。

メンデルスゾーン全集の汎神論論争を収録した巻の編集者レオ・シュトラウスは、この点を強調した解釈を展開しており、それは現代の研究者たちにも引き継がれている[1]。本章では、スピノザとメンデルスゾーンをつなぐ問題系を意識しながら、汎神論論争の背景にある宗教的・政治的コンテクストを明らかにしたい[2]。

二　若き日のシュトラウスの汎神論論争解釈

一九二〇年代の初頭、メンデルスゾーンの生誕二〇〇年を記念した企画として、歴史批判的な校訂にもとづく本格的全集の刊行が開始されることになった。全集刊行に際して、汎神論論争に関する巻の編集を担当することになったのは若き日のレオ・シュトラウスであった[3]。シュトラウスは、カッシーラーのもとでヤコービの認識論に関する博士論文を提出した後、ユリウス・グットマンの依頼により記念全集の刊行に携わることになったのだった。

全州第三巻第二分冊の解説に見られるシュトラウスの汎神論論争解釈の特徴は、汎神論論争を「神学・政治問題」として理解している点にある。「神学・政治問題」とは、神中心の生と人間中心の生の間の相克のことを指しており、宗教批判によって成立した近代の正当性に関わる問題であった。シュトラウスにとっては、「神学・政治問題」は、宗教的なユダヤ人が近代国家へ同化していく際に直面した苦境に関わる問題であり、ユダヤ人問題の根本的解決をめぐる問いとして受けとめられていた。

シュトラウスが第三巻第二分冊を執筆したのは一九三六年から三七年にかけての時期であり、そこには、ヴァイマール共和国末期のドイツの状況を知るユダヤ人の心情が色濃く投影されている。当時、シュトラウスは、正統派ユダヤ教徒のシオニストとして、ヴァイマール共和国のリベラルな政治体制はユダヤ人を完全な形で受容するには脆弱であるとの認識をもっていた。ヴァイマール共和国への批判は、そのまま一八世紀の啓蒙主義への批判に直結することになる。『哲学と法』でも述べられているように、シュトラウスは、近代と宗教を折衷的な仕方で調停しようとする穏健的な啓業主義を批判し、問題の深刻さを浮かび上がらせるために、むしろ宗教的正統派と無神論的なラディカルな啓蒙主義を正面から対決させようとするのである。[4] シュトラウスは、メンデルスゾーンが近代のユダヤ人にとって象徴的な意味をもつ存在であることを認めつつも、啓蒙近代とユダヤ教を共存させようとしたメンデルスゾーンに対して、そのような折衷主義的な対応がユダヤ人問題の根本的な解決にはならないことを批判した。「晩年のレッシングは徹底的なスピノザ主義者であった」というヤコービの報告をめぐって巻き起こった汎神論論争を、シュトラウスは、レッシングとメンデルスゾーンの友情の危機として、さらにはドイツ・ユダヤ関係史の一つの危機として解釈した。シュトラウスは非ユダヤ人社会への不信というものを抜きにして、汎神論論争におけるメンデルスゾーンの言説を理解することはできない、と主張する。

メンデルスゾーンはレッシングとの間に障壁があることにようやく今になって気づくことになった。……彼の人生において最も幸せな経験であったレッシングとの友情に影が差しただけでなく、……それと共に、非ユダヤ世界に対する彼の信頼も揺さぶられることになった。結論としては、レッシングとのわけ隔てのない友情は、メンデルスゾーンにとって、世界と彼を結びつける最も古くて信頼に値する橋梁だったのであり、全く違う背景をもつ人間同士の完全な相互理解についての貴重な証言だったのである。……非ユダヤ世界への確固たる不信がなければ、ヤコービとの論争におけるメンデルスゾーンの振る舞いや、ラーヴァターとの論争における彼の振る舞いを理解することはできない。もちろん、ユダヤ人に対する一般的な嫌悪は、当時はナショナリズムの原理にもとづくものではなかったが、その代わりにキリスト教会のもつ反ユダヤ的な理論や実践が強力な武器を提供していた。メンデルスゾーンが、ヤコービが自分をキリスト教に改宗させようとしているという考えを抱くことになったこともここから説明されうる。ヤコービの公的な告知に対するメンデルスゾーンの反応を適切な仕方で理解するには、ユダヤ人に対する非ユダヤ人社会の不信というものをメンデルスゾーンが経験していたことを銘記しなければならない。つまり、ユダヤ人としての非ユダヤ人世界への不信である（JubA. III 2. LIII）。

さて、メンデルスゾーン全集の刊行は、七つの巻を出版した後、ナチスによる出版規制が強まったことで、休止を余儀なくされた。シュトラウスの担当した第三巻第二分冊も原稿は完成していたものの、ついに戦前に出版することはできなかった。戦後になって記念全集の刊行が再開されたとき、シュトラウスは、出版社に対し編集責任者としてアレクサンダー・アルトマンを推薦した。アルトマンは編集作業を行なう過程で、メンデルスゾーンに関する詳細な研究を行ない、その成果は最終的には大著『モーゼス・メンデルスゾーン――自伝的研究』（一九七三年）に結実することになったが、その過程で幾つかの論文を執筆している。その中には汎神論論争に関する論文「レッシングとヤコービ――スピノザ主義についての対話」も含まれており、シュトラウスはこの論文を読んだことで、かつての考えを見直すことになった。シュトラウスは一九七一年五月二八日付けのアルトマン宛の書簡で次のように述べている。

親愛なるアルトマンへ　私の『朝の時間』に関する仕事などについて、心のこもったお言葉をいただき、大変嬉しく思っています。私は汎神論論争について現在どのような考えを抱いているかを述べる立場にはありません。その仕事については一九三七年にすでに結論を出しました。メンデルスゾーンの自伝の中で汎神論論争についてあなたがどのように述べているのかを大いに知りたいと思います。あなたの抜き刷り（「レッシングとヤコービ――スピノザ主義についての対話」）についても、手に入れるや否や、大変興味深く拝読しました。私たちはレッシングの秘教的教説の存在という問題については見解を一にしています。問題は、この教説の「内容が何なのか」という点にあります（JubA, III 2, VIII）。

汎神論論争の当時から、レッシングについては、一方での聖書批判を行なう啓蒙主義的な言説や、他方でのキリスト教の正統教義をする発言（『ライプニッツの永遠の罰』など）をめぐって、どこに彼の真意があるのか、という議論が展開されていた。真意の内容に関する解釈は異なるとしても、シュトラウスとアルトマンの間には、レッシングには秘教的言説と公共的言説の間で使い分けがあると考える点で共通理解があったのである。

一九七三年に出版されたアルトマンのメンデルスゾーンに関する自伝的研究は、メンデルスゾーン研究の金字塔を打ちたてることになった。自伝出版後に、シュトラウスは一九七三年九月九日の書簡の中で次のように述べていた。「病気でなければ、私は、あなたがライヒャルトについて述べている点から見て、おそらくは汎神論論争に関する私の最終判断を変更することになったかもしれません。しかし、一九三六年から三七年にかけて私が執筆した幾つかの事柄については、多かれ少なかれそのままにしておかねばなりません」(JubA. III 2. IX)。この点についてもう少し詳しく教えて欲しいとのアルトマンの質問に対して、シュトラウスは同年九月一五日の手紙で次のように答えている。「私があなたの解釈を読んでいなかったら、ライヒャルトの判断に対してさらに大きな信頼をおいていたかもしれない可能性のことを考えています。このことは特に、メンデルスゾーンが礼儀上の問題についてライヒャルトに語ったとされる事柄に当てはまります」(JubA. III 2. IX)。

ここで言及されているライヒャルトの一件について簡単に説明しておこう。汎神論論争は晩年のレッシングがスピノザ主義者であったというヤコービの報告をめぐって巻き起こった論争である。論争の過程では、メンデルスゾーンが『朝の時間』を出版した直後に、ヤコービがメンデルスゾーンの許可を得ずに私的な書簡を含んだ『スピノザ書簡』を発表したことで、両者が互いに不信の念を募らせることになる一幕があった。メンデルスゾーン側の不信は当然としても、ヤコービ側としても、メンデルスゾーンが『朝の時間』を出版することでスピノザ主義者レッシングという報告がもたらす衝撃を緩和しようとしたらしいことへの疑念があったのである。このように両者が疑心暗鬼になっていた時期に、ベルリン・オペラの音楽監督ライヒャルトはメンデルスゾーンの自宅を訪問した。シュトラウスの言葉は、このライヒャルトの残したメンデルスゾーンとの会談の記録のことを指している。その内容は、メンデルスゾーンが、ヤコービはラーヴァターと共同で自分を改宗させようとしている、と落ち着きのない様子で語ったというものであった。[5] この記録に関連して、シュトラウスはメンデルスゾーンのドイツ社会への不信を読みとこうとしたわけだが、アルトマンは、それにもかかわらずレッシングとメンデルスゾーンの友情関係は最後まで揺るがなかったと解釈したのである。

ここで問題となっているのは、レッシングのスピノザ主義に関する報告の衝撃度をメンデルスゾーンにとって、どの程度のものとして見積もるのか、ということである。メンデルスゾーンは、『朝の時間』で、レッシングのスピノザ主義は有神論と両立し得る「洗練された汎神論（der geläuterte Pantheismus）」であり、それは自分にとっても馴染みの考えであったと主張した。アルトマンは基本的にメンデルスゾーンの主張に沿った解釈を行なっている。それに対して、シュトラウスは汎神論論争の過程でヤコービに反論するために構想されたものと考えたのだった。

シュトラウスの解釈には当時の時代背景もあって彼自身の独特の読み込みが強く反映されており、議論の余地が残るところがある。しかし、汎神論論争を理解するための宗教的・政治的コンテクストを認識させてくれる点では、シュトラウスの解釈は示唆的である。ところで、汎神論論争にはその前哨戦となるエピソードがあった。次節では、この点を明らかにしたい。

三　汎神論論争の原点としての専制政治への批判

汎神論論争の出発点はヤコービが一七八〇年の七月から八月にかけてヴォルフェンビュッテルのレッシングのもとを訪問し複数回にわたる対話を重ねたことにある。その際に、ヤコービは、ライマールスの娘エリーゼとも親交を結ぶに至った。一七八一年にレッシングは死去した。その後、ヤコービは、エリーゼの書簡によって、メンデルスゾーンがレッシングの道徳的性格を称える著作の出版計画をもっていることを知り、エリーゼへの返信の中で、晩年のレッシングが徹底的なスピノザ主義者であったことを伝えた。エリーゼは、この情報を一七八三年八月四日の書簡でメンデルスゾーンに報告した。メンデルスゾーンはこの情報に大きな衝撃を受け、レッシングの真意を知るべく、メンデルスゾーンとヤコービの間で書簡のやりとりが始まることになった。

メンデルスゾーンは、スピノザ主義という名前でレッシングに汚名がふりかかるのを防ぐべく、『朝の時間』を出版することで、スピノザ哲学が有神論と両立する可能性を示そうとした。これが有名な「洗練された汎神論」という主張である。メンデルスゾーンは、一七八三―八四年頃に、息子など数人の聴講者を対象として、神の存在証明や形而上学に関する早朝講義を行なっていた。その際の原稿がもとになって、ヤコービとの論争に関わる内容も盛り込む形で『朝の時間』が出版されることになった。一方、ヤコービの側では、メンデルスゾーンの『朝の時間』がレッシングのスピノザ主義という衝撃を緩和しようとする目論見であると見えたため、ほぼ同時期に、ヤコービの方も『モーゼス・メンデルスゾーン氏の書簡におけるスピノザ主義の教説について』（以下、『スピノザ書簡』と略称）というスピノザ哲学との対決の書を刊行した。その際に、ヤコービがメンデルスゾーンとの私的な書簡を断りなしに出版したことから、メンデルスゾーンは大いに憤慨し、反論の書である『レッシングの友人たちへ』（以下、『友人たちへ』と略称）の刊行を急ぐことになった。『友人たちへ』の出版を急いだメンデルスゾーンが体調を崩して急死したことがセンセーショナルに喧伝されたこともあって、ヤコービは様々な非難にさらされていたが、その後、ヤコービはメンデルスゾーンの『友人たちへ』に反論するために、『スピノザ書簡に関するメンデルスゾーンの非難に抗して』（以下、『非難に抗して』と略称）を刊行した。

汎神論論争にはその前哨戦となるエピソードが存在する。ヤコービの友人ヴィーラントは、一七七七年に『お上の神的権利について』（以下、『お上の神的権利について』と略称）という著作の中で、社会契約論を否定し、王権神授説を展開した。ヴィーラントは、この著作の中で、強いものが優位に立つという自然法則を政治の世界にも適用すべきであると主張し、啓蒙専制君主による統治を正当化した。ヤコービはこのような主張に大きな懸念を抱いており、「権利と権力について。宮廷顧問官ヴィーラント氏の論文『お上の神的権利について』の哲学的検討」（以下、「権利と権力について」と略称）という反論を公刊した。この著作において注目すべきは、当時はまだ珍しかったスピノザの『国家論』への言及が見られることである。ヤコービは、ヴィーラントとスピノザの間には権利と力を結びつける点で共通点があるが、属人的ではない法による支配が必要であるというスピノザの主張はヴィーラントとは決定的に異なっている、と述べている（JW. IV, 1271-273）(6)。本来、この著作には続編が続く予定であったが、様々な事情でそれは実現せず、代わりに一七八二年に『ドイツ・ムゼーウム』に『レッシングの語ったこと』（以下、『語ったこと』と略称）を発表することになった。「権利と権力について」と『語ったこと』は、内容的には専制政治への批判という問題意識が継続されたものとして理解する必要性がある。

『語ったこと』はヤコービの啓蒙主義批判の出発点がどこにあるのかを教えてくれる内容をもっている。『語ったこと』の出版の経緯は以下の通りである。スイスの歴史家ヨハネス・フォン・ミュラーは、『教皇たちの旅』という書物の中で、ハプスブルクの皇帝ヨーゼフ二世が帝国の近代化と強権化を推し進める過程で行った宗教や典礼の改革を批判した。書名の『教皇たちの旅』とは、教皇ピウス六世がヨーゼフの改革に抗議の意志を示すために一七八二年に行ったウィーンへの旅のことを指している。ミュラーはこの本のコピーをヤコービに送ったが、ヤコービがミュラーの主張に共感したことが『語ったこと』の成立の契機をなしている。ミュラーの主張は、カトリシズムの立場からヨーゼフ二世によるカトリック教会への改革を批判するものであったが、ヤコービは、カトリック教会そのものではなくて、君主の専制主義が良心や信仰の自由に介入してくる点に注目した。つまり、教皇の強権よりも君主の専制の方が危険であるというのがヤコービの考えだったのであり、君主が用いる理性の絶対主義を問題視したのである。

ヤコービは、『語ったこと』の冒頭で、かつてヤコービに対してレッシングが語ったとされる次の言葉を紹介している。

私はレッシングが次のように語るのを聞いた。「フェブロニウスと彼の信奉者たちの発言は君主に対する恥知らずなお世辞を語ったものです。なぜなら、教皇の特権に反対する彼らの議論には根拠がないか、二倍ないしは三倍の力で君主自身に当てはまるからです」（JW. IV 1, 304）。

ここで登場するフェブロニウスとは、トリーアの助祭ヨーハン・ニコラウス・フォン・ホントハイムのペンネームである。フェブロニウスは、その著作『教会の権力とローマ教皇の正当な権力について』の中で、ローマに抵抗して地域の教会の主権を守るべく、教皇の権力が制限されるべきだ、という主張を展開していた。プロイセン国内では深いカトリックへの不信感のゆえにフェブロニウスの発言は好意的に受けとめられていたが、それに対して、ヤコービは、あえてレッシングの発言を持ちだすことで、フェブロニウスの発言こそ、ヨーゼフ二世のような啓蒙専制君主への服従を強化するものである、と主張したのである。『語ったこと』では、ヤコービは、国家によるパターナリスティックな干渉を批判しており、徳や幸福はあくまで自発的にしか獲得できず、国家はあくまで個人の自由を守る範囲での消極的な干渉しか行なってはならない、という趣旨の議論を展開している。善を積極的に促進するのではなくて、悪を防止するための強制力しか認めないという議論である。たとえば次のように述べている。「いかなる国家体制も徳それ自体を直接目的としてはならない。なぜなら、徳というものは、どのような個別の外的形式からも決して生じることはないからである」（JW. IV 1, 320）。つまり、人間の徳を発展させることは重要な課題であるが、それは王による善政によってではなくて、自由を保障する国家において各人が自発的に獲得すべきものなのである。ちなみに、ヤコービは、『スピノザ書簡』の後半部分でも、権威への従属が人間の自由を奪う点を次のように厳しく批判している。「確固たる信仰がお上の権威に道を譲り、個人的なうぬぼれが支配するならば、あらゆる徳は沈下し、悪徳がはびこり、良識と文化と理解力は崩壊してしまうだろう」（JW. I 1, 139）。

ここで注目すべきは、『語ったこと』の中で展開されるヤコービの国家論も、『権利と権力について』と同様に、スピノザの『国家論』を意識している点である。指導者の徳のような理想論を持ちださず、ありのままの人間観察から政治体制を考察しようとするスピノザの『国家論』での主張は（TP 273）、『語ったこと』での議論に反映されている。(7) さらに『語ったこと』での発言から分かることは、ヤコービは決して理性を放棄する立場から啓蒙主義批判を開始したのではない、という点である。ヤコービは理性の力そのものを批判したわけではないのである。『語ったこと』では次のような仕方で理性に積極的な意味づけを与えている。「幸福への欲求は、幸福とは理性の小径を通してのみ見出されるという確信以外の何ものにももとづかない。なぜならすべての人にとって善であるものを、すなわち、全体の中のあらゆる部分にとって真に最善であるものを、常に確実な仕方で命じるのは理性だからである」(JW. IV 1. 308–309) このように、理性は人間に欠かせない能力であるわけだが、しかしそれはヤコービにとって純粋に形式的な能力にとどまっている。ヤコービの意図は、理性の否定ではなくて、理性の適用範囲を限定するところにあった。

『語ったこと』の出版後、ヤコービは、ユダヤ人の地位改善に関するメンデルスゾーンの協力者であったクリスチャン・ドームを介して、『語ったこと』に関してメンデルスゾーンに感想執筆の依頼を行なった。『語ったこと』に対するメンデルスゾーンの感想は、名前を出さずに掲載する点についてメンデルスゾーンの許可を得たうえで、『ドイツ・ムゼーウム』の誌上に『注目すべき著作を縁とした様々な思想』(以下、『様々な思想』と略称) という題目で掲載されることになった。この小論には、メンデルスゾーン以外にも、『語ったこと』に対する複数の人物の感想が匿名掲載されている。

ヤコービの意図は、教皇であれ、君主であれ、あらゆる形の専制を批判するところにあった。しかし、メンデルスゾーンは、『語ったこと』に対する当時の多くの批評と同様に、ヤコービが教皇よりも啓蒙専制君主の方を危険視しているとの印象をもち、その点を批判した。『様々な思想』の中でメンデルスゾーンの感想を引用していると思われる箇所では、メンデルスゾーンは、専制君主の統治下の方が徳の高い人物がより容易に形成されるであろうことや、君主制を人民による政府に変えることは現状では現実的ではないことなどを述べている (JW. IV 1. 354) こうした理解に反論するべく、ヤコービは、その後、『ドイツ・ムゼーウム』に『一月に『ムゼーウム』誌に掲載された注目すべき著作の思想に反論する覚書』を掲載した。

後年、ヤコービは、メンデルスゾーンの死後に公刊された『非難に抗して』の中で、「語ったこと」の出版時期からメンデルスゾーンとのやりとりがあったことに言及している（JW. I 1. 291）。ヤコービにとって、汎神論論争は、それに先立つ時期からの継続された問題関心の中に位置づけられていたのである。

以上の汎神論論争の前哨戦から明らかであるように、ヤコービの批判の対象は、当初から、専制君主を擁護するベルリンの啓蒙主義者たちに向けられていた。ベルリンの啓蒙主義者たちが、フリードリヒ大王を後ろ盾にしたパターナリスティックな啓蒙主義によって個人の自由を抑圧しているのではないか、というのがヤコービの批判だったのである。

ヤコービにとって、ベルリンの啓蒙主義者たちは、一方で、自由と寛容を論じながらも、他方で、政治や宗教の既存の権力に迎合する偽善的な折衷主義者として映っていた。このような折衷主義への批判は、スピノザ哲学のレッシングに対するインパクトを緩和しようとするメンデルスゾーンの対応にもそのまま当てはまることになる。次節で見るように、メンデルスゾーンは『朝の時間』において、コモンセンスと理性の調和を考えていたが、ヤコービから見ると、これは典型的な折衷主義であることになる。ヤコービは、合理主義の哲学がその論理的帰結を誠実に推し進めた結果、無神論と運命論という結論に行き着かざるをえないことを恐れない人物としてスピノザを評価している。ヤコービの解釈では、スピノザの哲学は理性にもとづく哲学体系の完全な形態を意味していた。まずはスピノザ哲学を正面から受け止めることが必要であるにもかかわらず、世の哲学者たちが、スピノザ哲学そのままの形では受容せずに、既存の道徳や宗教と両立させるべく、何かしら修正した形で受容している点をヤコービは批判したのである。メンデルスゾーンによる「洗練された汎神論」の主張もヤコービにはその一例として見えていたのである(8)。

四　ユダヤ教における思想の自由をめぐって

メンデルスゾーンの最晩年の著作『朝の時間』と『友人たちへ』は、汎神論論争で書かれた著作である。メンデルスゾーンは『朝の時間』において、レッシングの立場を「洗練された汎神論」という主張として解釈しようとした。「洗練された汎神論」とは、スピノザの哲学をライプニッツ・ヴォルフ哲学によって補完することで、あらゆる可能世界の中から最善の世界を選択する神の意志こそが、世界を実際に現実化できることを主張するものであった。この主張によって、メンデルスゾーンは、晩年のレッシングの汎神論的な思想を摂理的な神の信仰と両立可能なものとして提示しようとしたのである。

メンデルスゾーンは、レッシングの死後、彼の弟から、かなり急進的な神学論の断片を入手しており、ヤコービからの報告に先だって、レッシングの弁明を行なう必要性を認識していたものと思われる。その後、ヤコービによる報告がレッシングの神学思想の弁明の必要性を、さらに強く意識させることになった[9]。彼が擁護しようとしたのは、啓蒙思想と宗教（ユダヤ教を含む）の両立可能性であった。

『朝の時間』では、できる限り形而上学の議論の枠内から外に出ない叙述が行なわれていた。それに対して、遺作となった『友人たちへ』は、『スピノザ書簡』の公刊後にヤコービの挑発に対して応答しようとする中で執筆されており、ユダヤ人としての立場への直接的言及が見られるのが特徴である。たとえば、次のような印象深い一節がある。

レッシングがスピノザ主義者であったという報告は、私にとってはたいした問題ではない。『朝の時間』で詳しく説明したことだが、私は実践面に関して宗教や倫理と完全に調和する洗練されたスピノザ主義というものが存在することを知っていたし、この洗練されたスピノザ主義がユダヤ教と非常によく一致しうることを知っていたのである。

> スピノザが別の著作で真のユダヤ教を反駁することで律法から逃れるようなことがなければ、その思弁的な学説にもかかわらず、彼が正統なユダヤ教徒にとどまることができたであろうことを私は知っている。ユダヤ教徒は、スピノザの学説に対して、キリスト教徒の正統教義よりも、はるかに大きな親近感を抱いている。だからこそ、レッシングがいまだ厳格なアタナシウス派の信奉者であったときに、少なくとも私にはそう思えていたときに、私はレッシングを愛することができたし、私も彼から愛されることができたのだ。むしろ、彼がユダヤ教に接近しつつあったときに、どうして私が彼をユダヤ教徒であるバルーフ・スピノザの信奉者であると見なさないことがあっただろうか。ユダヤ教徒とスピノザという名前は、私には、ヤコービ氏にとってそうであったほどには、目障りなものでも腹立たしいものでもなかった（JubA. III 2, 188–189）。

この発言は、メンデルスゾーンによる単なる強弁ではなくて、啓蒙思想とユダヤ教の両立可能性への確信として解釈すべきであろう。ここでは、メンデルスゾーンは、破門されたスピノザに対してユダヤ人社会における場所を確保しようとしている。『友人たちへ』の他の箇所では、メンデルスゾーンは、人格と思想を切り分けることで、スピノザの思考の自由と彼の道徳性を両立させようとしている。「レッシングがスピノザ主義の信奉者だって？　そうですか。思弁的な教義が人間に何の関係があるというのか。スピノザの信奉者であったのと同じくらいに、スピノザ自身が友人であったことに喜びを感じない人がいるだろうか。スピノザの天才と高貴な性格を正当に評価しない人がいるだろうか[10]」（JubA. II. 2189）。ところで、右の引用で語られる別の著作とは『神学政治論』のことを指している。メンデルスゾーンの『エルサレム』はスピノザの『神学政治論』との間接的対話の書ではないか、との指摘が古くから存在する。『エルサレム』には、ユダヤ教における啓示や律法の位置づけに関して、スピノザの枠組みを受けついだうえで、それを修正する形で議論を展開している箇所が散見される。メンデルスゾーンは『エルサレム』では次のように述べている。

一言でいえば、私の考えでは、ユダヤ教は、キリスト教徒が考えているような意味での啓示宗教ではないのだ。イスラエルの民は神の掟をもっている。それらは、現世での幸福や永遠の幸福を得るためになすべきことを決めた、定め、命令、生活規則、神の意志についての教えである。こうした命題や規則は、奇跡的かつ超自然的仕方でモーセによってイスラエルの民に啓示された。しかし、信仰箇条も、救済のための真理も、普遍的な理性的命題も啓示されたわけではない。これらは、永遠の神が、他のすべての人間の場合と同様に、いつでも私たちに自然と事柄を通して教えてくれたのであり、決して言葉と文字によって啓示したものではないのだ（JubA, III 2, 188–189）。

メンデルスゾーンは、ユダヤ教において、特殊にユダヤ的な要素と理性によって理解できる普遍的要素の双方を共存させようとしている。特にユダヤ的な要素は律法であり、それは啓示にもとづくものである。宗教の歴史と言い換えてもいいだろう。それに対して、ユダヤ教における普遍的要素はすべての人間が理性によって認識できる内容をもっている。

ユダヤ教においてはドグマが啓示されたわけではない、という主張は、スピノザの『神学政治論』を思い起こさせるものである。スピノザは、『神学政治論』では、哲学の領域は真理であり、啓示宗教（聖書）の領域は従順とであると述べている。(11) メンデルスゾーンは、形而上学の真理は啓示されるものではない、と考えている点では、スピノザと同様の見解を抱いている。

メンデルスゾーンは、啓示が信仰ではなくて律法に関わるものであることを繰り返し強調する。ユダヤ教では、律法は行為を命じるのであって、信仰を命じるわけではない。したがって、メンデルスゾーンの理解では、律法は思想を束縛するものではない以上、ユダヤ教は思想においては自由なのである。『エルサレム』第二部の有名な箇所では、メンデルスゾーンは次のように述べている。

数あるモーセの規則や指示においては、一度も「信じなさい、または信じてはいけません」と述べられたことはない。すべては「行ないなさい、または行なってはいけません」と述べられている。信仰は命令されるものではない。というのも、信仰は確信すること以外のいかなる命令も受け入れることはできないからである。神の法にもとづく命令は、いつでも人間の意志に、彼らの行動する力に向けられている（JubA, VIII, 166）。

ユダヤ教において啓示されたのは、教義ではなく、日々の行ないを導く法である。したがって、信仰箇条をドグマティックに強制することはないのであり、教義については人間の思索のための十分な余地が残されているのである。この場合、律法を破った者は、あくまで法にもとづいて裁かれるのであって、真理・非真理にもとづいて裁かれるわけではない点が重要である。行動における一致を要求はしても、思考における一致を要求するわけではないので、多くの戒律をもつために一見したところでは不自由な宗教に見えるユダヤ教は、キリスト教よりも寛容な宗教ではないのか。ユダヤ教を劣位に置く人々の向こうを張る形で、メンデルスゾーンは、ユダヤ教こそが自由で普遍的な宗教であると主張するのである。

メンデルスゾーンは、理性と信仰を対立させるヤコービに対抗しつつ、理性宗教の真理は誰にでも理解できるものであるが、その確信は過剰な思弁にもとづくものではなく、コモンセンス（常識）に支えられたものであることを強調する。『友人たちへ』の中では、このあたりの事情について、『エルサレム』での主張を踏まえながら、次のような発言を行なっている。

教説と永遠真理に関しては、私は、理性的論拠にもとづいた確信しか知らない。ユダヤ教は、歴史的真理、つまりは私たちの実定的な儀礼法がもつ権威の基礎となっている事実（Thatsachen）を信じるように命令している。しかし、最高の立法者の存在と権威は理性によって認められねばならない。この点については、ユダヤ教の原則と私自身の原則にしたがうなら、啓示も信仰もいかなる役割も果たしてはいない。さらに、ユダヤ教は啓示された宗教（geoffenbarte Religion）ではなく、むしろ啓示された法（geoffenbartes Gesetz）なのである。……私がユダヤ教について述べるとき、私は永遠真理に対するいかなる信仰も要求してはいない。前提となるのは歴史的信仰のみである。私はこの点についてより適切な箇所〔『エルサレム』〕で述べておいたので、読者にはそれを参照してもらわねばならない。……さらに言えば、ユダヤ教は、信じさせようとして命令を下すような理論的命題や永遠真理に関する啓示ではないのだ。ユダヤ教は、端的かつ絶対的に、神に奉仕するように啓示された法のうちにあるのであって、その前提にあるのは宗教的真理に関する自然で理性にかなった確信である。この確信がなければ、いかなる神による立法も成立しえないのである。私が、理性的論拠にもとづいた確信について語るとき、そして、ユダヤ教の中にはそのような確信が間違いなく前提されていると語るとき、書物を通じて馴染んでいるような形而上学の論証のことを語っているのではない。繊細な懐疑心にもとづくすべてのテストに合格したスコラ的な証明のことを語っているのでもない。それはシンプルなコモンセンス（健全な人間悟性）による意見表明と判断なのであり、コモンセンスは物事を直接に見つめ穏やかに熟慮するのである（JubA, III 2, 197）。

繰り返しになるが、ユダヤ教においてはドグマが啓示されたわけではない、という主張は、スピノザの『神学政治論』での哲学と聖書の二分法を思い起こさせるものである。しかし、メンデルスゾーンは、スピノザの二分法をそのまま受け取ったわけではなくて、形而上学の領域を哲学から宗教へとある程度拡張している。つまり、信仰のために知を限定するのではなくて、逆に、信仰において知の領域を拡張しているのである。知の領域の拡張により、メンデルスゾーンは哲学のみならず宗教の中にも真理があり、その真理はすべての人間に伝えられているものと考えている。メンデルスゾーンは、大衆と哲学者を分離したうえで哲学者のみに真理を帰属させる発想をもってはいない。そして、宗教の中に見られる真理は儀礼を通して伝達されると考え、儀礼法（祭儀律法）の存在意義を主張している。

もちろん、メンデルスゾーンは、思弁的理性の活動を無制限に容認しているわけではない。メンデルスゾーンは、思弁と理性を一体のものとは考えず、コモンセンスによって両者のバランスを取ろうとする。『朝の時間』では、理性が思弁の故に道を踏み外したときにはコモンセンスが指針となることを述べている。別の言い方をするなら、思弁とコモンセンスは双方とも理性の現れなのであって、潜在的能力として直観性に優れているのがコモンセンスであり、顕在化された能力として論証力に優れているのが思弁なのである。(12)

ユダヤ教はドグマとしての信仰を命じるものではない、という主張を、メンデルスゾーンは、『朝の時間』の第八講では、ヤコービ批判としてではなく、バゼドウの議論を批判する形で展開している。バゼドウは「信仰義務」という概念を用いて、幸福を促進するためには宗教的事柄を信じる義務があると主張した。つまり、道徳的な必要性がある場合には合理的な論証ができなくても信じる義務がある、という主張である。しかし、それに対して、メンデルスゾーンは、バゼドウの議論では道徳的承認と理性的認識が混同されていることを指摘している。メンデルスゾーンによれば、神、不死、摂理といった事柄は私たちの理性的認識に属するものであり、道徳的必要性によって信じるように命令されているわけではない。神の存在を信じるように命令されることはできない。なぜなら、命令は自由意志にのみ関係するが、神は私の自由意志によって存在するわけではないからである。自由意志ではなく理性的認識に関わる事柄については、知的探究の結論については私たちの側に責任のある事柄ではないので、そこには知的探究を遂行するという義務のみが存在することになる。

しかしながら、私たちの知識の発展に関しては、探究の義務以外の義務は存在しない。真理を探究することは、私たちの善悪に関する道徳的知識によって方向づけられた自発的な行為であり、道徳的な必然性と義務に服している。しかし、真理を承認し受け入れることは、私たちの意志に属することではない。真理を受容する必然性は、道徳的ではなく物理的な必然性である。真である事柄に私たちが同意するのは、そのように望んだり、そうすべきだからではなくて、端的にそうするしかないからなのだ（JubA, II 2, 70）。

ここで語られる物理的な必然性とは、証明それ自体がもつ力といってよいものである。そして、たとえ探究の結果として結論に到達しなかったとしても、探求を生みださない固定的な知識よりは、最終的な知識に到達しない探究の方が望ましいのである。探求精神は常に活性化されねばならないのであり、探究が停止するとき、そこには狂信が発生するとメンデルスゾーンは考えている。『朝の時間』の第八講義では次のように述べられている。

私たちの知る真理が何らかの価値あるものであるためには、探究心が常に活性化され、育まれなければならない。探究につながらない知識は、時折、知識を得ずに終わった知識よりも、はるかに悪い結果をもたらす。……しかし、惰性によって探究心を失ったときに、真理が陥りがちな偏見や、確立された法則を検証することなく信頼してしまう盲目的信仰は、すべて迷信や狂信につながり、人類の幸福にとって少なからぬ危険性をはらんでいる。……摂理は、体を健康に戻すために、一方の病気に他方の病気を対抗させるように処方することが少なくないのだ。だから私たちは、たとえそれが私たちのシステム全体を破壊する恐れがあるとしても、あらゆる疑念に落ち着いて耳を傾け、あらゆる異議を歓迎しなければならない。自然の循環によれば、真理は安定をもたらし、安定は惰性を生み、惰性は迷信を生みだす。ここまで来ると、今度は摂理の恵みによって、疑いの精神と最も厳密な探究心が活性化され、すべての原理を却下することを通して、私たちはふたたび真理へと立ち返ることになるのである（JubA, III 2, 72）。

むろん、このような探究はニヒリズム（つまり結論は出ない、あるいは、そもそも結論などないという意味でのニヒリズム）に帰着するような懐疑として運行されているわけではなくて、神への信頼にもとづいた探究とでもいうべきものである。あるいは、現代的に言えば、知的な探究を可能にするプラグマティックな信仰とでも呼ぶべきものである。[13]メンデルスゾーンにとって、形而上学の思弁は自由な探究精神による活動という意味をもっている。ここで問われているのは、探究の結果として見出される内容というよりは、探究のあり方自体、あるいは探究を維持する姿勢である。メンデルスゾーンは、信仰という名によって探究を停止してしまうドグマティズムを批判したのである。

五　相互理解と対立を生みだす理性

探求の自由に関する主張は、容易に思い起こされるように、真理の所有者であるよりも所有者にふさわしい行為をする真理の探究者であれ、というレッシングの『賢者ナータン』での寓話にもなる発想である。メンデルスゾーンは、汎神論論争において、ヤコービに対抗して、レッシングと共同で進めてきた啓蒙のプロジェクトをさらに前進させようとしたのである。そして、メンデルスゾーンには、探求の自由に関してユダヤ教と啓蒙精神の親近性についての確固たる信念があった。メンデルスゾーンとしては、スピノザ主義は無神論に帰着すると主張するヤコービに対抗して、自らが証人となることで、啓蒙思想と有神論的なユダヤ教を両立させようとしたのである。

メンデルスゾーンにとっては理性こそが異なる意見を持つ人びとが相互理解を深めるための共通の場であったが、しかし、他方では、当の理性概念自体が対立を生みだす論争の対象となっていた。興味深いことに、メンデルスゾーンもヤコービも、双方とも、それぞれの仕方で言論の自由を追求した。ヤコービは、『非難に抗して』の冒頭で次のように述べている。人間は自分の考えを他人にも浸透させたいという生来の気持ちをもっており、反対意見に不寛容になりがちであるが、「全員が同じ部分を選ぶのではなくて、ほとんど全員が異なる部分を選び、それを保護し、別の連関を解消するような連関へと持ち込む。こうして、少しずつ全体が循環し、発展し、変化し、洗練され、改善され、知識は徐々に完成度を高め、前進するのである」（JW. I 1. 274）。さらに同書の後半では、自分の体系を人に押しつけようとする人物は、「自分の意見を真理そのものと考え、理性を自分自身であると信じているので、それ以上の理由を聞かず、どんな手を使ってでも、すべての異論を拒もうとするのだ」（JW, I 1, 317）と述べている。この発言がベルリンの啓蒙主義者たちを念頭に置いていることは明らかである。ヤコービは、彼らが理性の名のもとで不寛容に陥っている点を非難したかったのである。それに対して、メンデルスゾーンの方は、ヤコービを信仰の名のもとに理性の口を封じる教条主義者として捉えていた。彼らは、共に、それぞれの仕方で哲学的言論の自由を追求したわけだが、彼らの思索を支える歴史や文化が意見の対立をもたらすことになった[14]。汎神論論争は、歴史や文化を思索の糧としつつ同時にそれらを超越する真理を探究する格闘の記録であり、哲学的言説をめぐる公共圏の形成過程を教えてくれる歴史的ドキュメントであると言えるだろう。

註

（1）Michah Gottlieb, Faith and Freedom, *Moses Mendelssohn's Theological-Political Thought*, New York: Oxford University Press, 2011. Bruce Rosenstock, *Philosophy and the Jewish Question, Mendelssohn, Rosenzweig, and Beyond*, New York: Fordham University Press, 2010.

（2）本章は、二〇一五年七月二五日に開催された第一三回一橋哲学フォーラム（第三回スピノザコネクション）での発表原稿に加筆修正を行なったものである。

（3）シュトラウスによるメンデルスゾーン全集の編集作業については、書評論文の中で詳しく論じたことがある。後藤正英、Edited and Translated by Martin D. Yaffe, *Leo Strauss on Moses Mendelssohn*,『政治哲学』第一八号、二〇一五年。

（4）Leo Strauss, *Gesammelte Schriften*, Bd. 2. hrsg. v. Heinrich Meier, Stuttgart, Weimar, J. B. Metzler, 1997, S. 11.

（5）Alexander Altmann, *Moses Mendelssohn, A Biographical Study*, London/Portland, Oregon: The Littman Library of Jewish Civilization, 1998（1973）, pp. 732–733, p. 738.

（6）このあたりの経緯については、以下の研究が先駆的な業績である。Frederick C. Beiser, Enlightenment, Revolution, and Romanticism. The Genesis of Modern German Political Thought, 1790–1800, Cambridge/Massachusetts/Harvard University Press, 1992（フレデ

リック・C・バイザー『啓蒙・革命・ロマン主義――近代ドイツ政治思想の起源　一七九〇―一八〇〇年』杉田孝夫訳、法政大学出版局、二〇一〇年）、佐山圭司「フリードリヒ・ヤコービの哲学――平成二四年度～平成二七年度科学研究費補助金基盤研究（C）研究報告書」二〇一六年。

（7）『語ったこと』におけるスピノザからの影響については、以下の先行研究が詳しい。Dale E. Snow, Jacobi's Critique of the Enlightenment, in Edited by James Schmidt, *What is Enlightenment?, Eighteenth-Century Answers and Twentieth-century Questions*, Berkley: University of California Press, 1996.

（8）ヤコービを単なる非合理主義者と見なすのは間違いであって、彼は一方で合理主義の哲学の結末を限界まで推し進めたうえで、合理主義哲学の典型をスピノザの中に見出し、そのうえで、スピノザかそれともアンチ・スピノザかと選択を問うのである。これが彼の言う「死の跳躍」である。ザントカウレンの一連のヤコービ解釈も基本的にこの路線で展開されている。ビルギット・ザントカウレン「特別講演　ヤコービの「スピノザとアンチ・スピノザ」」下田和宣訳『スピノザーナ』第一三号、二〇一三年。Vgl. Birgit Sandkaulen, *Jacobis Philosophie, Über den Widerspruch zwischen System und Freiheit*, Hamburg: Felix Meiner, 2019.

（9）Cf. Bruce Rosenstock. Introduction to the Translation, in: translated by Bruce Rosenstock, *Moses Mendelssohn, Last Works*, Urbana/Chicago/Springfield: Urbana University of Illinois Press, 2012, p. xvi. 筆者もRosenstockの解釈に同意するものである。

（10）この点に関しては、メンデルスゾーンの没後に、ヤコービは、人格神を否定するスピノザが果たしてユダヤ教徒にとどまることができたであろうか、と述べている（JW, I 1, 204–305）。

（11）Spinoza, Tractatus Theologico-Politicus, in *Spinoza, Opera*, im Auftrag der Heidelberger Akademie der Wissenschaften, hrsg. v. Carl Gebhardt, Heidelberg: Carl Winters Universitätsbuchhandlung, III, S. 179.

（12）『朝の時間』の第三講では、メンデルスゾーンは「健全な人間悟性（gesunder Menschenverstand）〔コモンセンス〕と理性は一つである」（JubA, III 2, 33）と述べたうえで、両者の違いについては、同じ道を足早に進む者（健全な人間悟性、コモン・センス）と、杖をつきながら注意深く進む者（理性）の違いにたとえて説明している。同じ第三講では、コモンセンスの中に潜在的な仕方で理性が内在していることが指摘される。メンデルスゾーンにとって、コモンセンスは感覚機能のみの存在ではない。メンデルスゾーンは、コモンセンスと理性の関係を、感性的な素材が次第に理性的に反省されていく過程として理解する。そして、コモンセンスの中に潜在する理性を開花させるのは、人間の習熟のプロセスなのである。さらに第三講では、このように述べられている。「もちろん、両者（コモンセンスと理性）とも道を誤り、躓くことがある。その場合、往々にして、理性の方が自らを立て直すのが困難になることがある」（JubA, III 2, 34）。つまり、メンデルスゾーンでは、理性はコモンセンスに対して特に優位な位置にあるわけではないのである。というより、むしろメンデルスゾーンはコモンセンスが理性を導くような関係を考えている。

メンデルスゾーンは『朝の時間』の第十講では次のように述べている。「私の思弁（観照）が、しばしば、あまりにもコモンセンスの大道から離れた方向へと私を導くように思われる場合には、私は静かに立ち止まって、方向を見定めようとする。私は、自分が出発した地点を振り返って、私の二人のガイド（コモンセンス（Gemeinsinn, sensus communis）と観照（Beschauung, contemplatio））を比べようとする。私が経験から学んだところによれば、ほとんどの場合、正しいのはコモンセンスの側であることが常であり、もしもコモンセンスを離れて思弁（観照）の側につかねばならなくなった場合には、相当はっきりと、理性が思弁の側に加担するのでなければならない」（JubA, III 2, 82）。ここでは、理性はコモンセンスと思弁（観照）の間の調整役として理解されている。「ほとんどの場合、正しいのはコモンセンスの側であることが常である」と言われていることからも分かるように、この場合メンデルスゾーンは、理性をコモンセンスに準拠させる形で、思弁への過度の傾きから理性を軌道修正しようとしている。メンデルスゾーンは理性の立場のあやうさをコモンセンスによって補おうとする。メンデルスゾーンにとって、理性のあやうさは、理性がコモンセンスから離れてしまい、思弁と一体化しようとするところにある。この点では、メンデルスゾーンには、過度に思弁的になってしまった理性への批判的視点がある。しかし、メンデルスゾーンは、コモンセンスをガイドとするなら理性は正しい道に戻ることができるものと考えている。

（13）パトナムは、ユダヤ教のうちに一種のプラグマティズムを読み取っている。Cf Hilary Putnam, *Jewish Philosophy as a Guide to Life: Rosenzweig. Buber, Levinas, Wittgenstein*, Bloomington : Indiana University Press, 2008（ヒラリー・パトナム『導きとしてのユダヤ哲学――ローゼンツヴァイク、ブーバー、レヴィナス、ウィトゲンシュタイン』佐藤貴史訳、法政大学出版局、二〇一三年）. ゴットリープは、註（1）で紹介した著作（*Faith and Freedom, Moses Mendelssohn's Theological-Political Thought*）において、メンデルスゾーンの理性宗教をプラグマティズムの宗教として解釈している。

（14）Rosenstock, op. cit., p. 122.

第六章　啓蒙思想は魂の不死をめぐって何を問題としたのか

はじめに

魂の不死は、一八世紀の啓蒙思想においても好んで話題にされたテーマである。ドイツ語圏では、一七五一年から一七五八年の間だけでも、五〇冊を超える関連著作が出版されたと言われる。[1]その中でも、モーゼス・メンデルスゾーンが一七六九年に出版した『フェードン』は、当時、大変な人気を獲得し、魂の不死を論じた数ある著作の中でも一八世紀ヨーロッパを代表する作品となった。『フェードン』は、ライプニッツ・ヴォルフ哲学を用いてプラトンの『パイドン』を翻案した著作である。メンデルスゾーンは、この著作の成功により「ドイツのソクラテス」と呼ばれることになった。

本章で特に明らかにしたいのは次の問いである。来世をひたすらに待ち望むのではなく、理性の力によって現世を改革することに自信をもちはじめていた啓蒙主義の時代に、なぜ「魂の不死」に関心が集まっていたのか。現世中心的な志向が強まっていた啓蒙主義の時代において、来世にまで続く私の魂という問題設定には、どんな意味が込められていたのか。

この問題を解明するために、まずメンデルスゾーンの『フェードン』執筆の背景と同書の内容について検討する。

その後、「魂の不死」に関するカントとメンデルスゾーンの議論を比較検討することで、啓蒙主義の時代における「魂の不死」に関する道徳的な問題意識を浮かび上がらせたい。

一　『フェードン』執筆の背景

『フェードン』執筆までの経緯を確認しておきたい。メンデルスゾーンにとって、ソクラテスはすでに初期の著作から哲学的な理想像として存在した。彼は、一七五六年に、ルソーの『人間不平等起源論』のドイツ語訳を出版し、その翌年に翻訳に対する附論である「レッシングへの書状」を発表した。その序文の末尾では、自国においてルソーのような人物を発見できないのであれば、「私は、ソクラテスを模範とし、レッシングを友人とすることができる国に生まれたことで満足することにしたい」という文章を書き残している（JubA. II, 96）。一七五九年に、ベルリンのギムナジウムの校長クリスチャン・トビアス・ダムのもとで古代ギリシア語を習得。一七六〇年には、雑誌『最新文学に関する書簡』において、ソクラテスに関する当時の代表的な出版物への批評を行なっている。そこで取り上げられたのは、ヨーハン・ゲオルク・ハーマンの『ソクラテス追憶録』、ヤーコプ・ヴェーゲリンの『ソクラテスの最後の対話』、そしてディドロの戯曲『ソクラテスの死』の三冊である（JubA. V 1, 200–234）。ハーマンの著作は、キリスト教神秘主義の観点からメンデルスゾーンを含むベルリンの啓蒙主義者たちを批判する意図をもつ論考であったが、メンデルスゾーンは、ハーマンがソクラテスの知の本質を理解しようとした点を好意的に評価している。ヴェーゲリンやディドロ作品は演劇を前提にして書かれたものであるが、メンデルスゾーンはこれらの作品が哲学的な探求を深めていない点を問題視している。この一連の書評は、『フェードン』の叙述スタイルを構想するうえで、メンデルスゾーンに示唆を与えることになった。

その後、メンデルスゾーンは、プラトンの『ポリテイア』の部分訳や『パイドン』の翻訳と翻案に取り組むことになった。一七六三年七月五日のイザーク・イゼリン宛の書簡で、メンデルスゾーンは、二つの仕事が進行中であることに触れながら、二つ目の仕事である『フェードン』の執筆計画について次のように述べている。

この二つ目の仕事は、すでに長年にわたって私が大事にしてきたアイディアにもとづいています。それは、『フェードン、あるいは人間の魂の不死についての対話』をプラトンの構想にもとづいて執筆するというものなのですが、しかし、プラトンから借りるのはその構想だけです。実際、その構想は大変に素晴らしいものでした。それに対して、プラトンの論証の方は納得のゆくものではなく、現在の読者は、ソクラテスの友人たちが光明と確信を見出した場所に暗闇と詭弁しか見出さないでしょう。したがって、一部は、プラトンの証明根拠を少しだけ修正することでより明確で説得力のあるものに仕上げていますが、その他の部分では、最新の世界の知識が提供する証明をかなりの量で追加しました（JubA. XIII, 1, 15）。

後に出版された『フェードン』は三つの対話から構成されているが、上述の書簡が執筆された時点では、第一の対話に該当する部分が構想されていたものと思われる。続く第二と第三の対話の成立に大きな影響を与えたのは、一七六四年からトーマス・アプトとメンデルスゾーンの間で行なわれた『人間の使命』をめぐる論争である。これは、シュパルディングの『人間の使命』の第七版が出版された後に、同書の内容をめぐってアプトとメンデルスゾーンの間で発生した論争である。シュパルディングの『人間の使命』は、ライプニッツやシャツベリーの影響を受けながら、人間の存在根拠をモノローグ的な思索によって探求した著作である。最初から神学の教義に頼ることなく、人間の潜在能力の発展という観点から叙述したところが当時においては画期的であり、大きな反響を呼び起すことになった。シュパルディングの議論はライプニッツ的な最善観に支えられたものであったが、アプトは、その点を批判する論考『人間の使命への疑い』（以下、『疑い』と略称）を発表した。それに対して、メンデルスゾーンは『人間の使命に関する神託』（以下、『神託』と略称）を執筆し、シュパルディングの主張を擁護した。両者の立場は、いわば、弁神論をめぐるピエール・ベールとライプニッツの対立に対応している。アプトとメンデルスゾーンの論争は、その後も、往復書簡を通して継続することになった。アプトは、レッシングと入れ替わる形でメンデルスゾーンとの親交を深めた人物であったが、一七六六年に二八歳で夭折した。『フェードン』の後半の内容は、途絶したアプトとの論争を背景として執筆されている。実際、『フェードン』の序文では、同書がアプトに捧げられたものであることが述べられている。さらに、『フェードン』執筆の背景には、近親者の魂の不滅を願うメンデルスゾーン自身の個人的体験も存在する。彼は、一七六四年に自分の父と生後一カ月の長女の死を体験しており、すでに触れた親友アプトの死もそこに加わることになった。

『フェードン』とユダヤ思想の関係についても指摘しておく必要があるだろう。メンデルスゾーンは、『フェードン』執筆後の一七六八年に、ユダヤ人の知人ヴェセリに宛てた手紙の中で、魂の不死に関するユダヤ教の信仰をもつにもかかわらず、なぜこのような著作を書いたのかを弁明している。「当初は、この著作を聖なる言葉〔ヘブライ語〕で執筆しようと思っていましたし、ソクラテスに託して語るつもりではありませんでした。というのも、真の宗教の告白者である私たちがソフロニスクの息子〔ソクラテス〕と一緒に何を作り出すといのでしょうか。私は、プラトンのやり方からは遠く離れて、魂の本質と不死について独自の著作を書こうと思っていたのです」(JubA, XIX, 119)。

著名なメンデルスゾーン研究者のアルトマンが述べるように[2]、メンデルスゾーンはソクラテスを自分の理想像としていたが、その一方で『フェードン』は彼にとってユダヤの伝統的思想との整合性を気にさせるものであったようである。メンデルスゾーンは、ヘブライ語版の『フェードン』の出版も企画しており、彼の死後にダーフィット・フリートレンダーの編集によって出版されている。メンデルスゾーンは、当時の手紙で、『フェードン』をそのままヘブライ語に翻訳するのは自分の手に余ることを述べている(JubA, XII, 1, 148–151)。

メンデルスゾーンにとって、古代ギリシアの思想を当時のドイツ語に翻訳するだけでもすでに十分に困難な作業であったが、それをヘブライ語の精神世界に置き換えることは、より至難な課題だったのである。アルトマンはこの点について次のように述べている。ヘブライ語で『フェードン』を執筆することが困難であった背景には、翻訳能力の問題のみならず、実存的な問題があった。「ドイツ語で執筆する啓蒙主義者としてのみ、彼〔メンデルスゾーン〕はこの著作〔『フェードン』〕に取り組むことができた。それはまさに、彼が啓蒙主義者としてはソクラテスの人物像に完全に内側から親しみを感じていたからだが、他方で彼はユダヤの宗教世界に奥深く根ざしていたので、ここには真に実存的な問題が存在したのである(3)」。

しかし、アルトマンの解釈とは少し異なり、ここでは、異文化間の対立のみならず、創造的な選近を読み取ることもできるだろう。ユダヤ教の信仰をもつ哲学者であるメンデルスゾーンがソクラテスに自らを同一化しつつ「魂の不死」を論じた『フェードン』という著作は、古代から続くギリシア思想とヘブライ思想の対話の一例として捉えることができるのであり、一八世紀の啓蒙思想がその対話の地盤を提供したといえるだろう。

二　『フェードン』の概要

『フェードン』は一七六七年に出版されると、瞬く間にヨーロッパを代表するベストセラーとなった。本書は、序文の後で、「ソクラテスの生涯と性格」について概説する章が登場し、その後、第対話、第二対話、第三対話と続く構成をもっている。第一対話は、一七六〇年代の初期から執筆されていた一番古い部分であり、第二対話と第三対話は、アプトとの論争を経て書かれた部分である。第一対話は、『パイドン』の叙述に沿いながら、部分的にメンデルスゾーン自身が独自の主張を付け加える形で進行する。第二対話以降は、独自な著述の方が目立つようになり、第三対話では、ほぼ完全な創作が行なわれている。

まず、序文では、本書がアプトとの思い出に捧げられていることが語られる。そのうえで、プラトンの対話編の叙述は素晴らしいものであるが、身体への批判や魂の不死の論証には満足できない部分があるので、当時の現代哲学を用いて、より納得しやすい論証を行なうべく、『パイドン』の内容を修正したことが述べられている。続く「ソクラテスの生涯と性格」では、ジョン・ギルバート・クーパーの『ソクラテスの生涯』に依拠しつつ、啓蒙主義者としてのソクラテスの姿が描かれる。そこにはメンデルスゾーン自身の姿も投影されている。「ソクラテスが同胞の間に徳と知恵を広めることを決断したとき、彼の前には困難と障害が立ちはだかっていた。彼は、一方で、教育によって自分自身の偏見を打破し、他人の無知に光をあて、詭弁に打ち勝ち、敵からの悪意、妬み、誹謗中傷、侮辱を我慢し、貧困に耐え、手強い権力と闘おうとした。そして、何よりも困難であったのは、迷信による暗い恐怖に終止符を打つことであった。他方では、彼は、同胞の心の弱さをいたわり、怒りを抑えて、最もおろかな宗教であっても素朴な人びとに対しては道徳的によい影響を持ちうることを見逃さなかったのである。これらすべての困難を、彼は、真の哲学者がもつ知恵と、聖者による忍耐と、人類の友としての私心なき徳と、勇者による断固たる決断をもちつつ、大きな犠牲を払ってあらゆる世俗の財と享楽を手放すことで、克服したのである」(JubA. III 1, 15–16)。

「ソクラテスの生涯と性格」では、メンデルスゾーンは、ソクラテスを、世界市民であると同時にアテネの国法にも忠実な存在として描き出している。ユダヤ思想史の研究者クロホマルニクが述べるように[4]、プロイセンの国法とユダヤの戒律に従う自分の状況を、判決に従うアテネ市民としてのソクラテスの姿と類比的に理解していたことが推測されるのである。

以下、三つの対話の概要を見ていこう。第一対話では、魂の不壊性が論じられる。プラトンの『パイドン』では、生死について「反対のものからの相互生成」が論じられるが、メンデルスゾーンは、ボスコヴィッチやライプニッツの連続律という考え方に依拠して、生死の中間状態を論じている。『パイドン』とは対照的に、『フェードン』では、ソクラテスは〈変化が相反する状態から生じることはない〉と語る。『フェードン』でのソクラテスは、連続性の存在を様々な例を挙げて立証する。たとえば、「ケベス」という発音は三音節に分解することができるが、概念としては一つのまとまりをなしている。動物の身体も年老いて腐敗し分解されたとしても何も失われない。壊れた部分は、分離され、別のものへと無限に変化していくのである。したがって、我々の感官には生から死への移行は突然に発生したように見えたとしても自然においては連続的な変化のみが存在する。プラトンの場合、生死は想説によって円環をなすものとして理解されていたが、メンデルスゾーンは生死を自然な連続的変化として捉えている。

その他にも、プラトンの『パイドン』との対比上、興味深い論点がいくつか存在する。自殺の禁止が話題となる『パイドン』の62Aに関しては種々の解釈が存在するが、メンデルスゾーンは自殺を否定する方向で解釈している。62Bの「私たちを配慮して下さっているのは神々であり、私たち人間は神々の持ち物の一つにすぎない[5]」という文章については、ライプニッツの最善観を強く読み込む形で、「神は私たちの所有者であり、私たちは神の所有物であり、神の摂理は私たちの最善を配慮している」(JubA III 1, 146)と翻訳している[6]。メンデルスゾーンは、ソクラテスによる死刑判決の受諾を自殺的行為ではなくて、神の意志に任せるという意味で解釈している。

身体の評価についても独自の解釈が示されている。『パイドン』62Bの「私たち人間は何かの内にいるのであり、そこから自身を解放することも、逃亡することもしてはならぬ[7]」という箇所については、「檻」や「牢獄」と訳されることもある言葉「phroura」を「歩哨(Schildwachen)」と訳している(JubA. III 1, 46)。メンデルスゾーンは、身体を蔑視することなく、神による被造物として肯定する解釈を打ち出している。魂は自分自身の内奥を観察することで自分自身に固有の能力をはっきりと自覚する。身体からの解放は、ライプニッツ的な観点から、判明な表象を獲得するプロセスとして解釈されており、身体の排除というニュアンスは弱められている。

第二対話では、魂の存在を表象作用として捉えることで、そこから不死性を導出する議論が展開する。第二対話以降は、プラトンの議論そのものではなくて、ライプニッツ・ヴォルフ哲学を語るソクラテスの姿が描かれる。第二対話において、シミアスは、〈もし私たちの知も合成物であるとすれば、合成物が崩壊すれば、魂も崩壊するのか〉と問いかける。それに対するソクラテスの答えは〈魂自体に統一する力がある〉というものである。魂は合成物でなく、単一の実体である。この場合、ライプニッツが主張するように、表象作用自体が実体の単一性の根拠となる。魂を統一する力は完全性を知覚する力でもある。魂は、多様なものや合成されたもののうちに、思惟の能力、秩序、調和、規則性を見出す。思惟という、諸表象を統合する力は、身体の随伴現象ではなくて、根本力そのものである。「知覚、比較、推論、欲求、意志、快と不快の感受は、延長や運動とは全く違う存在を必要とするのである」(JubA. III 1, 98–99)。

ところで、ここまでの議論でまだ解明されていないのは、道徳的人格としての魂の問題である。この問題はアプトとの論争と密接に連関している。すでに述べたように、アプトの議論はシュパルディングの著作を出発点としていた。シュパルディングの『人間の使命』は、魂への内省の旅を続けるスタイルで書かれている。そこでは、完全性の実現に向けて人間の能力を顕在化させていくプロセスが語られており、自我は、現世を超えて自己の能力の完全な展開を求める存在として理解されている。潜在能力の展開という発想が魂の不死をめぐる問題に新たな議論の方向性を与えることになったのである。

アプトは、『疑い』において、ライプニッツ的な最善観を前提にするシュパルディングの議論を批判した。アプトは、人間の使命を歴史のうちに合理的な仕方で読み取れるとする発想を批判した。アプトは、人間の生の意味の読み取りがたさの喩えとして、命令の内容や今後の計画が分からないままに滞留させられている兵士たちの心理状況を持ち出している。[8] 道徳的な復讐心や慰めが魂の不死を要請するとしても、それを理論的に立証することはできない。アプトは、私たちの生においては、あくまで、個々の現実があるのみで、全体における幸福と不幸の配分は語りえない、という主張を堅持した。それに対して、メンデルスゾーンは、『神託』において、人間の使命は神の意図に沿って心の能力を開発することである、と述べている。ここでは最善観と魂の不死は密接に結びついている。第三対話は以上の論争を受けつぐ形で書かれている。ここで問題となるのは、単なる実体としての魂ではなくて、道徳的な人格の死後にまで続く継続性であり、道徳的完全性の実現に向けての無限の努力の過程が魂の不死と同一視されることになる。

この努力の目的は、時間の本質と同様に、前進のうちにある。神をまねることで、次第に完全性へと近づくのであり、この接近のうちに私たち人間の幸福がある。しかし、幸福への道は無限であり、永遠に後退することはない。したがって、人間の生における進歩には限界がないのである。人間のあらゆる欲求は、それ自体、無限なるものを目指している（JubA, III 1, 113）。

努力の過程の先に目的があるのでなくて、努力の過程自体が目的となる。幸福は幸福への努力の先にではなくて、幸福への努力のうちに存在する。この場合、道徳的な完全性を求める過程で現世と来世は接続することになる。現世と来世を一つのプロセスとして捉える発想は、ライプニッツの『モナドロジー』で主張された前成説が一つの根拠となっている。諸能力の顕在化のプロセスが連続的なものとして捉えられることで、この世からあの世への展開が一続きに捉えられる発想が誕生したのである。こうした考え方については、現世から隔絶した来世の独自の存在感が弱まっていることから、啓蒙思想における魂の不死とは現世の延長のことに他ならず、来世を現世化した世俗的時間論の典型である、という評価が行なわれるかもしれない。しかし、私は異なる解釈も可能であるように思われる。道徳的努力の無限の過程は、延長として表されるようなものではなくて、その都度の道徳的行為において永遠との接点が発生するような、独自の道徳的時間なのではないだろうか。この問題については、次章でカントとの対比を通してもう一度考えてみたい。

三　カントとメンデルスゾーンに共通する問題意識

よく知られているように、カントは『純粋理性批判』弁証論の第二版で合理的心理学の誤謬推理を批判する際に、メンデルスゾーンの『フェードン』（特にその第一の対話）をその典型例として批判的に取り上げている。そこでは、カントは、合理的心理学が思惟作用としての超越論的統覚を実体としての自我と混同している点を指摘し、メンデルスゾーンによる魂の不壊性についての議論が成立しないことを主張した。

たしかに、この文脈では、魂の不死については、カントとメンデルスゾーンの違いの方が際立っている。しかし、筆者は、あえて啓蒙哲学者としての両者の共通点の方を強調したい。それは、「魂の不死」が道徳的完全性の実現に向けての無限の努力のプロセスとして理解されている点である。筆者は、道徳的行為を有意義なものとするために魂の不死が問題となる点では、カントとメンデルスゾーンの間には共通する部分も少なくないのではないかと考えている。

『純粋理性批判』の弁証論でのメンデルスゾーンへの批判は、必ずしもその実践的側面に向けられたものではない。カントにとって、魂の死や神の存在は、認識は不可能であるが、実践的には意味をもつ理念であった。『実践理性批判』の弁証論では、これらの理念に対して、実践的観点から客観的実在性が与えられる。道徳的完全性に到達するためには、無限の進歩が必要であり、そのために魂の不死が要請されることになるのである。

もちろん、カントにとっては、魂の不死は、思弁的な理論（Doctrin）ではなくて、理性の実践的使用に向かうための訓練（Disciplin）である。メンデルスゾーンが魂の不死を思弁的な理論として主張している点をカントは受け入れることはできないだろう。その他にも、カントとメンデルスゾーンの間には多くの相違点が存在するわけだが、それにもかかわらず、筆者は、私たちが道徳的に行為する際に、その使命がこの世を超えた無限なところにまで到達するものであることを実践的に理解するという一点において、両者には接点があるように思われる。ここには道徳に固有の時間概念のようなものが構想されているのではないか。

たしかに、カントとメンデルスゾーンの間には、道徳の哲学的基礎付けの理解において大きな違いが存在する。カントの場合、自律的な道徳的意志決定の中に魂の不死や神の存在が入り込む余地は存在しない。魂の不死や神の存在が要請されるのは、道徳が全体性を要求し、徳と幸福の完全な一体化（最高善）が問題となる場合のみである。これに対して、メンデルスゾーンは、魂の不死こそが道徳の基礎を提供することを、きわめて明快に主張する。以下は、晩年の著作『朝の時間』からの引用であるが、同様の発言はメンデルスゾーンの著作の中でたびたび登場するものである。

神、摂理、不死がなければ、私には人生のすべての財物は価値がないものに見えます。この世の人生は、よく知られた、しばしば誤用されがちな例え話のようなものに思われてきます。それは、夕べに宿で体を休める場所や傘を見つける慰めもないまま、風と悪天候の中を彷徨うようなものであり、あるいはヴォルテールが語ったように、この慰めの景色がなければ、私たちはみな潮の中を泳ぎ、絶えず波と格闘し、岸に着く希望ももつことができないのです（JubA. III 2, 68）。

メンデルスゾーンにとって、魂の不死は、人びとに希望と慰めを与える基盤であった。しかし、その根拠は理性にもとづいている。メンデルスゾーンは、若き日の『最新文学に関する書簡』において次のように語っている。

今の時代にあっても、未来の生という概念は、死を恐ろしいものとすると言えるのだろうか。死を恐れないようにするためには、このような偏見は取り除かねばならないのだろうか。あるいはむしろ、最も理性的な部分は、未来について、人々にとって死が望ましいものとなるような、最も快適な未来のイメージを作らないのだろうか（JubA. V 1, 191）。

かつては、来世で待ち受ける罰が死を恐ろしいものとしていた。しかし、死後の罰への恐怖を否定したとして、来世の観念自体も外すべきなのか。むしろ、理性を重視する「今の時代」であるからこそ、私たちは来世の観念を必要とするのではないか。こうして、黙示録的世界観でなくて、理性にもとづく来世が求められることになる。アルトマンが指摘するように、各モナドが完全性に向かって努力する無死の世界というライプニッツの考えは、無限の完全性という概念に変化し、この概念は理性の時代が切望していた「慰め」を提供することになった[9]。伝統的な天国や地獄の表象ではなくて、宇宙の法則そのものである理性が無限の完全性の実現を目指している点に「慰め」がある。たとえば、『フェードン』の第三対話では、メンデルスゾーンはソクラテスに次のように語らせている。「完全性へと向かう絶え間ない努力、この増加と内部の卓越性の成長が、理性的な存在にとっての使命であり、したがってまた創造の最高の目的であることを、十分な理由をもって想定することができる。この計り知れない世界の構造は、理性的な存在が一歩一歩前進し、徐々に完成度を高め、その中に至福を見出すように創られたのだと言えよう」(JubA,III 1, 163)。

完全性へと向かう無限の使命を自覚し、その課題を果たすために、魂の不死が要請されることになった。この場合、魂の不死によって開かれた道徳的行為の展望をたんに線の延長のような仕方で表象するのは間違っている。メンデルスゾーンは、『フェードン』の第三話において、ソクラテスに次のように語らせている。「不幸な詭弁によって、未来への安らぎの期待を奪われた人間の運命は、何と嘆かわしいことか！　彼は自分の状態を考えず、ぼんやりとして、あるいは絶望しながら、この世を生き続けるのだ」(JubA, III 1, 115)。

つまり、延長される生の長さが問題なのではない。道徳的確信がなければ、余命が数十年であろうが数日であろうが、そこには本質的な違いは存在しない。不死を信じるからこそ、今この瞬間の生を享受できるようになるのであり、ここにあるのは、いわば永遠なるものへの道徳的自覚のようなものである。最晩年の草稿『神の事柄』では、このように述べられている。「もし人間が誕生と死の間に挟み込まれた存在であるなら、少なくとも命の糸は死ぬたびに引きちぎられ、二度と結ばれることはないだろう。……私たちは、無限の決断の連続の中でのみ、美徳と悪徳の真の価値と、美徳と悪徳の真の価値、善と悪の中身を認識するのであり、未来への計り知れない連続の中でのみ、結び目は自らをほどく真の場所を見出すのである」(JubA, III 2, 239)。

ここで語られているのは、その都度の道徳的行為における無限の持続についての理解であり、問題関心のあり方としては、魂の不死の要請に関するカントの議論と近しいところがある。カントは、『万物の終わり』では、道徳的能力を開花させるのに必要な無限の持続について次のように述べている。この無限という理念は、理論的認識ではなくて、実践的見地においてのみ把握されるものである。無限な時間については、そもそも、それを図る尺度が不足している。究極目的へと向かう不断の前進の中で、無限にまで進行する変化を思惟することはできるが、それは時間の進行のような現象ではない。道徳的発展に伴う無限の持続に関しては、カントは次のように述べている。「私たちの格率については、善からさらに善きものへと進行するあらゆる変化にもかかわらず、心情に関する我々の道徳的状態（天上を遍歴する可想人 homo Noumenon）があたかもいかなる時間の交替にも従属していないかのように理解しなければならないのである」（VIII, 334）。

先ほど、道徳に固有の時間概念という言い方をしたが、少々、不正確な表現であったかもしれない。ここで問題となっているのは、端的に言って「永遠」である。ベンスーサンも指摘するように、この場合、無限自体を認識することはできないので、実践の場面における無限は、まさに「なす」ことにもとづいており、善への向上の希望は「なす」ことによって招来されるのである[10]。

現世においては達成不可能なはずの無限の課題が、それにもかかわらず理性によって課せられているという理解において、カントとメンデルスゾーンの立場は近接しており、彼らにおいて魂の不死が問題となる理由はこの点にかかっている。『フェードン』では、私たちがエゴイズムを超えた行動を取ることができる理由は魂の不死への信仰にあり、無限や永遠を前提にすることがないとき、人間は近視眼的に行動するようになり、極端な場合には自らの延命のためには世界が破滅してもかまわないと考える人物が登場することになる、と述べられている（JubA. III 1, 116–117）。こうしたメンデルスゾーンの主張は後にガルヴェから理論的根拠に乏しいという批判を受けることにもなったが、魂の不死を前提にした道徳的行為の連続性は、メンデルスゾーンにおいても、カントの当為のようなものとして理解すべきものであろう。

おわりに

現世肯定の風を強めていた啓蒙主義の時代において、魂の不死はどのような意味で思想の問題となっていたのだろうか。本章を締めくくるに際して、問題状況を整理するために、チャールズ・テイラーの『世俗の時代』での議論を参照したい(11)。

テイラーによると、一七―一八世紀に、「摂理にもとづく理神論（Providential Deism）」を軸として世界観に関する人間中心主義への大転換が発生した。近代以前において、神による世界創造の目的は、人間の開花繁栄以上の秘密を含むものであった。しかし、「摂理にもとづく理神論」は、神の創造の目的を人間の開花繁栄のみに限定した。テイラーが「摂理にもとづく理神論」の代表者として想定しているのは、『創造と同様に古いキリスト教』を執筆したティンダルや『キリスト教は神秘ならず』の著者トーランドである。神の創造の全目的が理性的存在者としての人間の善の発展のみにあると見なされると、神の計画は人間理性によって容易に読み取り可能なものとなり、神秘は消滅した。理神論により、神の創造の目的が人間の幸福に限定されることで、自己充足的な人間主義の立場が強化され、やがて、神を不要とする「排他的人間主義（Exclusive Humanism）」が登場することになったのである。

テイラーによると、伝統的なキリスト教信仰では、神は、人間の現状に内在する限界を超えて人間存在を変革させようとする計画を抱いており、この変革は死後の生においてこそ達成されるはずのものであった。テイラーは、カントの魂の不死をめぐる議論の中にも、このキリスト教思想の残滓が見られることを指摘している(12)。同書においてテイラーはメンデルスゾーンには一度も言及をしていない。メンデルスゾーン研究者のゴットリープが指摘するように(13)、一方でメンデルスゾーンは、人間の開花繁栄と幸福を重視する理神論的ヒューマニズムの思想をもっていたが、他方で、彼のヒューマニズムは神を不要とする潮流に与するものではなかった。メンデルスゾーンの場合、啓蒙思想はユダヤの宗教伝統を賦活するものとして存在したのである。[14]

繰り返しになるが、テイラーによると、近代以前には、神の創造は人間のみを目的とするものではなかったので、人間にとって理解しがたい出来事が発生しても、人間は神の計り知れない意図を慮って、それを受容することを余儀なくされていた。しかし、近代に入ると、人間は神の助力を借りなくても生活を成り立たせるだけの力を手に入れはじめる。これが「摂理にもとづく理神論」の発生する地盤を用意することになった。とはいえ、すべてが人間の思い通りになるわけではないので、ここで、自らの運命に納得するために宗教による意味づけの問題が存続することになる。カントやメンデルスゾーンの思想は、啓蒙思想の人間中心主義が置かれた微妙な立場を表しており、両者とも「排他的人間主義」とは一線を画する部分があったといえる。

したがって、「魂の不死」をめぐるメンデルスゾーンの議論を、人間の開花繁栄の世俗的な文脈のみで解釈することはできないだろう。ここでは詳細を述べることができないが、それは、メンデルスゾーンが、同時代の啓蒙思想家たちとは違って、進歩史観に批判的であった点にも表れている。[15] かつてアルトマンはメンデルスゾーンの啓蒙主義を「慰めに満ちた啓蒙主義（die trostvolle Aufklärung）」と形容したわけだが、メンデルスゾーンにとって、「魂の不死」とは、無限の課題を抱えて生きる有限な人間に慰めと希望を与えるものであった。この場合、「魂の不死」において注目されたのは、「来世」というよりは「現世」であったが、たんに世俗的な「現世」ではなく、「永遠」との接点をもつ「現世」であったといえる。

註

（1）Daniel Krochmalnik, Die Lehre von der Unsterblichkeit der Seele, in: *Vom Jenseits. Jüdisches Denken in der europäischen Geistesgeschichte*, hrsg. v. Eveline Goodman-Thau, Berlin: Akademie Verlag 1997, S. 96.

（2）Alexander Altmann, Die Entstehung von Moses Mendelssohns Phädon, in: *Die trostvolle Aufklärung. Studien zur Metaphysik und politische Philosophie Moses Mendelssohns*, Stuttgart-Bad Cannstatt: Frommann-holzboog, 1969, S. 84–108.

（3）Altmann, op.cit., S. 90.

（4）Daniel Krochimnalnik, Sokratisches Judentum. Moses Mendelssohns Metamorphose, in: *Die philosophische Aktualitat der jüdischen Tradition*, hrsg. v. Werner Stegmaier, Frankfurt am Main: Suhrkamp, 2000, S. 370.

（5）プラトン『パイドン――魂について』納富信留訳、光文社、二〇一九年、三四頁。

（6）メンデルスゾーンの翻訳では神が単数形であることに注意されたい。

（7）『パイドン』前掲書、三四頁。

（8）アプトは、神の摂理の解釈不可能性を強調するエピソードとして、野営中の兵士の動揺をめぐる次の逸話を紹介している。以下の逸話では、王と兵士たちの関係は神と人間の関係の寓意となっている。或る王が遠い国から軍隊を率いてくるように命じた。行軍は遅々として進まず、命令により、さまざまな場所でしばらく滞在しなければならなくなる。滞在中、たいていの者は無造作に暮らしていた。そのうちに、ある晩、突然、何人かが居なくなってしまう。司令官や上級将校たちは、密命については、ほとんど知らされていなかったが、出発が近いかもしれないと思い、用心深く規則正しく生活していた。他の将校たちは、出発命令は出ず、部隊は解散されるだろうと主張した。居なくなった人びとについて、本当に王に呼び出されたのか、宿舎での行状が良かったので呼び出されたのか、それとも帰宅を命じられたのか、といった憶測が飛び交った。軍隊には素行の悪い人間たちもあり、その意味では、彼らこそが真っ先に除隊されるべきであった。それ以外の人びとは、入隊してからの日が浅いので、彼らの行動については良いとも悪いとも言えなかった。素行の悪い連中については、王から見た場合に軍隊内での彼らの処罰が不十分であると思われているのかどうか、それもよく分からなかった……（JubA, V 1, 619–621）。

（9）Alexander Altmann, *Moses Mendelssohn: A Biographical Study*, London/Portland, Oregon: The Littmann Library of Jewish Civilization, 1998（1973）, p. 156.

（10）Gerard Bensoussan, *Le temps messianique, temps historique at temps véc*, Paris: Librairie Philosophique J. Vrain, 2001, p. 115.

（11）Charles Taylor, *A Secular Age*. Cambridge/Massachusetts etc.: The Belknap Press of Harvard University Press, 2007（チャールズ・テイラー、『世俗の時代　上巻』千葉眞監訳、木部尚志・山岡龍一・遠藤知子訳名古屋大学出版会、二〇二〇年』）.

（12）Ibid., p. 224.

（13）Michah Gottlieb, Moses Mendelssohn's Humanism, in: *Contention, Controversy, and Change, Evolutions and Revolutions in the Jewish Experience*, Volume II, edited by Simcha Fishbane and Erich Levine, New York: Touro College Press, 2016.

（14）メンデルスゾーンによるユダヤ教の再解釈の内容について、ここでは詳細に論じることはできないが、魂の不死というテーマについてだけ述べるなら、メンデルスゾーンは、死後の復活よりも魂の不死を強調する近代以降の改革派ユダヤ教に見られるようになった傾向を先取りしているところがある。

（15）道徳の進歩に関して、メンデルスゾーンは、進歩は個々人にしか存在せず、人類全体には妥当しないと主張した。この点は、たとえ個々の人間にはが見られないとしても、人類全体としては確実に前進していると考えたカントと対照的である。メンデルスゾーンの思想が進歩史観への批判を含みこんでいる点は、啓蒙思想の多様性とアクチュアリティを考えるうえでも重要である。

第七章　不寛容を生き抜く技法――メンデルスゾーンとラーヴァター事件

はじめに

一八世紀ドイツの啓蒙哲学者モーゼス・メンデルスゾーンの寛容論は、近世ヨーロッパの宗教的寛容をめぐる状況をユダヤ人がどのように受け止めたのかを知るうえで貴重な資料を提供している。本章では、ラーヴァターとの論争においてメンデルスゾーンが不寛容とどのように対峙していたのかを検証することで、メンデルスゾーンの宗教的寛容論がもつ特徴を明らかにしたい(1)。

いわゆるラーヴァター論争とは、スイスの牧師ラーヴァターがメンデルスゾーンに対してキリスト教への公開改宗要求を行なった事件である。この論争はメンデルスゾーンの生涯における転換点となった。ラーヴァター論争の発生する直前、メンデルスゾーンの名声は頂点に達しつつあった。メンデルスゾーンはニコライやレッシングと共にドイツの文芸界に啓蒙思想を普及させるのに大きく貢献し、一七六七年に出版した『フェードン』が全ヨーロッパ的な成功を収めたことで、名実ともにドイツの代表的文化人として認知されることになった。しかし、名声を獲得したことで、ヨーロッパに広く名を知られたドイツの啓蒙知識人でありながら、同時に律法を順守するユダヤ教徒であり続けることの二重性が疑問視されることになったのである。メンデルスゾーンは、その後半生において、これほどまでに深くヨーロッパ文化を吸収した人物が、なぜキリスト教徒ではないのか、という問いに翻弄され続けることになった。シェープスが指摘するように、(2) ラーヴァターによる改宗要求を通して、メンデルスゾーンは、ドイツ・ヨーロッパ文化がキリスト教文化であることを決定的な仕方で自覚し、ドイツ社会においてユダヤ人が積極的な役割を果たすことがいかに困難であるかを認識することになったのである。

一　論争の発端

論争の経緯は以下の通りである。ラーヴァターはスイスのチューリッヒで活躍した改革派の牧師にして文筆家であり、観相学でもよく知られる人物である。彼は、いわゆる千年王国思想の持主であった。その信条は、ユダヤ教徒たちをキリスト教へと集団改宗させることで神の国の到来を早めようとする点にあった。ラーヴァターは、メンデルスゾーンだけではなく、多くの人物に対して改宗要求を行なっている。有名なのはゲーテの場合である。(3) しかし、キリスト教内部の人物への改宗要求の場合とは違って、ユダヤの知識人であるメンデルスゾーンへの改宗要求は、かなりデリケートな意味を伴っていた。メンデルスゾーンの対応如何によっては、激烈な反ユダヤ主義的反応を引き起こす可能性があったからである。

若き日のラーヴァターにとって、メンデルスゾーンほどの学識と人格をもつ人物がユダヤ教徒にとどまっていることは好奇と謎の対象以外の何ものでもなかった。一七六四年の二月二六日にラーヴァターは数人の友人たちと共にベルリンのメンデルスゾーンのもとを訪問し、メンデルスゾーンのキリスト教理解を探ろうとした。メンデルスゾーンは、あえて中立的なテーマを取り上げることで、その話題を避けようとしたが、ラーヴァターは執拗にこだわった。会話の中でメンデルスゾーンは、イエスの神的性格は認めないが、その道徳的性格は尊敬するとの発言を行ない、この会話を公にしないことを要求した。

ラーヴァターは、メンデルスゾーンのイエスに関する肯定的発言を通して、メンデルスゾーンがキリスト教に改宗する可能性があるのではないか、との一方的な思い込みに執着することになった。一七六九年に、ラーヴァターはスイスの哲学者シャルル・ボネが刊行した『哲学的転生』（La palingénésie philosophique）を読み、この書物の中に自らのキリスト教信仰の裏付けを得る証拠を得たとの思いを強くする。『転生』は、魂の不死性に関する自然哲学的考察を経たうえで、それを最終的には啓示によって確証されねばならないものと結論づけ、とりわけイエスの秘蹟を信じることを強調する内容となっていた。ボネ自身は『転生』をキリスト教内部向けの著作として執筆したが、ラーヴァターはこの著作をキリスト教以外の人びとへ向けられたものとして解釈として、自らドイツ語訳を試み、「キリスト教の証明に関する探究」というサブタイトルをつけて出版した。ラーヴァターは、この翻訳の冒頭にメンデルスゾーンへの献辞をつけて、ボネの著作を反駁するか、反駁できない場合はキリスト教へ改宗せよ、と迫ったのである。

（……）キリスト教からの隔たりにもかかわらず、あなたが哲学やボネの著作に対して判断する際の穏やかな謙虚さは、また、私の最も幸福な時間の一コマにおいて、この宗教の創設者の道徳的性格についてあなたが証言した哲学的敬意は、私にとって忘れがたいものとなっています。……〔私が翻訳したボネ氏による〕キリスト教の諸々の事実を支持する本質的論証が正しいと思われないならば、それを公に反駁していただきたいのです。しかし、もしそれが正しいと思われるならば、賢明さと真理への愛と誠実さがあなたに為せと命じることを——もしソクラテスがこの著書を読み、反駁不可能と思ったならば、為したであろうことを——為していただきたいのです（JubA, VII, 3）[4]。

メンデルスゾーンにとっては、すでに数年前にさかのぼる対話の相手から突然に送られた呼びかけは、まさに青天の霹靂であった。この献辞は、公的な宗教論争に関わることを慎重に避けていたメンデルスゾーンを苦境に陥れることになった。ボネの論証を正面から論駁することは、キリスト教側からの大反発を招くおそれがあったし、ボネの論証を論駁しないことは、ユダヤ教の劣位を暗黙のうちに認めたものと受け取られかねない懸念が存在した。メンデルスゾーンは、しばし熟考したあとで、ラーヴァターへの公の書状を執筆することで事態の収拾を図ることになった。以下、特にメンデルスゾーンがユダヤ教の特徴と偏見への寛容的態度を述べた箇所に焦点を当てて、二人の論争のやりとりを振り返ることにする。

二　メンデルゾーンによるラーヴァター宛の書状

メンデルスゾーンは、ラーヴァター宛の書状では、自分たちの会話が非公開のものとしてなされたはずであることに注意を喚起しつつ、自分が公の宗教論争を避けようとする理由について語っている。

メンデルスゾーンは、宗教論争を避ける最大の理由を、ユダヤ教という宗教が他者の宗教に挑戦的に関与する必要性を感じてはいない点に求めている。

メンデルスゾーンは、論争を避けるからといって、自分は宗教の吟味を怠ってきたわけではなくて、長年にわたる研究の成果として自分の宗教の真理性に確信を抱いているからこそ、自分の父祖の宗教にとどまっているのであり、宗教論争に加わることとの必要性をそもそも感じていないのだ、と主張する。メンデルスゾーンは、この確信にもとづいて、宣教師的な拡張の精神をもつキリスト教と改宗を要求しないユダヤ教を対比しながら、ユダヤ教がキリスト教よりも寛容的性格をもつことを強調する。「私の宗教の原則によれば、私は、私たちの戒律のもとに生まれたわけではない人を改宗させるべきではないのです」(JubA. VII, 9)。

ユダヤ教の戒律はユダヤ教徒にしか拘束力をもたないのであり、この事情は別の宗教の場合でも同様である。別の宗教の人びとも自然的理性に従い、それぞれの伝統的習慣をもっている。そして、理性に従って自らの生活を律している限りは、別の宗教の人びとは「有徳な民」と呼ばれ、永遠の至福に与ることができるのである。ユダヤ教は人を改宗させようとはしないのであり、改宗を申し出るものには真剣に思いとどまらせようと諫言するほどなのである。このあたりの議論は、マイモニデス（『王について』）やメナセ・ベン・イスラエルを典拠して展開されている。

「私の父祖の宗教は、広められることを求めてはいません。私たちは、遠くに住む人びとに自分たちの宗教を布教すべく、両インドやグリーンランドに宣教師を派遣しなければならないわけではないのです。（……）もし同時代人として孔子やソロンが生きていたとしたら、私は、私の宗教の原則に従って、その偉大な人物を愛し驚嘆したことでしょうが、彼らを改宗させようとするような馬鹿馬鹿しい発想をもつことはなかったでしょう」（JubA. VII. 13）。メンデルスゾーンは、キリスト教がイエスへの信仰を救済の条件とするのに対して、ユダヤ教は、ユダヤ教徒ではない人びともノアの七戒を実行している限り、改宗せずとも天国へ赴くことができることを強調する。

メンデルスゾーンは、自分は宗教の異なる尊敬すべき友人たちをもっているが、彼らのことを自分の宗教の信者ではないからといって残念に思ったりはしないのだ、と語る。メンデルスゾーンによると、宗教の異なる人びとの間で友好的関係が可能となる理由は、それぞれの宗教がもつ偏見については、道徳的に直接危害を与えるものではないならば、寛容に対応しなければならない点にある。認識と徳を広め、隣人から偏見を取り除くことは、たしかに人間の義務である。「けれども、すべての偏見が同じように有害であるわけではなく、したがって、隣人が抱えているように見えるすべての偏見もまた、すべてが一様にとり扱われてはならないのです」（JubA. VII. 14）。たしかに、いくつかの偏見は人間の幸福に正面から対立している。「しかし、場合によっては、私の信念によれば誤謬に見える隣人たちの見解が、より高度な理論的原則の一部をなしていて、それらが実際面から遠く離れているので、直接的には有害ではない場合があります。しかし、それらの見解は、まさにその一般性のゆえに、それらを心に抱く民にとっては、彼らの倫理や交際の体系が建てられる際の土台となっているのであって、偶然だとしても、人類の一部分にとっては、きわめて重要な意味をもっています。それらの教義が私たちには偏見に見えるという理由で、公の場でそれらに反駁することは、建物が堅固で安全であるかどうかを調査しようとして、建物を下支えせずに、地面を掘り返すのと同じことなのです」(Ebd.)。つまり、宗教文化は多様な要素が有機的に連関することで全体を形成している以上、一つの要素を強引に切除することは思わぬ側面にダメージをもたらす可能性があることを指摘するのである。メンデルスゾーンは、自分たちには誤謬に思える宗教文化をもつ人びとが、自然宗教や自然の戒律に直接に害を与えることなく、それどころか、その宗教文化から人類全体が恩恵を被っているような偉人を輩出しているのであれば、私たちには納得しがたい誤謬に対しても謙虚であるべきだ、と述べている。

以上の議論に付け加えて、書状の末尾では、メンデルスゾーンは、宗教論争を避ける理由として、少数派としての自らの社会的地位にも言及している。自分たちは、支配的国民の側の好意によって生活する以外に選択肢がない状況である。そうであるからこそ、支配者側の宗教に攻撃することなどありえないのであり、通常は、細心の注意をもって宗教論争を避けようとしてきたのだが、今回は、ラーヴァターほどの人から求められたからこそ、私の信念を白日のもとにさらさねばならなくなったのだ、と書き綴っている。(5)

三　ラーヴァターからの返信とメンデルスゾーンの後書き

以上のメンデルスゾーンからの書状に対して、ラーヴァターはその返信において次のように応答した。ラーヴァターは、自分にはメンデルスゾーンに信仰告白を迫る意図がなかったことを述べつつ、メンデルスゾーンを煩わせたことを謝罪する。ラーヴァターは、自分は、信仰告白ではなくて、ボネの著作に見られるキリスト教の事実証明をあくまで哲学的に吟味して欲しかったのだ、と語る。しかし、ラーヴァターは、ボネの著作にはキリスト教と哲学の本質的連関を確認することができるが、ユダヤ教の場合にはそれが理解できないのだ、と述べる。ラーヴァターは、メンデルスゾーンに対して、「見たところ過剰なほど厳格な、誰からも軽蔑されている宗教」(JubA, VII, 33) を信じているのはなぜなのか、と問いかける。パウロのことを念頭において、前半生において、あれほどの迫害者であった人物でさえ、キリスト教へ改宗したのだから、現時点でキリスト教を迫害してはいないあなたが、キリスト教へ接近してくださることが不可能とは思えないのだ、と語る。返信の後半では、ラーヴァターは、メンデルスゾーンに改宗を期待する気持ちを熱烈な調子で書き綴っている。「私は、あなたの書状のうちに、敬意の念を抱かせる以上の、涙を誘う信念を見出しました。それは改めて私に――私の弱さをお許しください――『あなたがキリスト教徒になるよう、神がお望みであれば！』という願望を持たざるを得なくなるような信念なのです」（JubA, VII, 36）。

こうしたラーヴァターからの返信に対して、メンデルスゾーンは後書きを執筆する形で応答した。メンデルスゾーンは、ラーヴァターの人格をきわめて丁重に賞賛したうえで、次のような議論を展開する。

ユダヤ教に対するメンデルスゾーンの揺るぎない確信が理解できないと述べるラーヴァターに対して、メンデルスゾーンは、「私が自らの宗教に偏見をもっているかどうかは私には決定できません。それは、自分の口臭がくさいかどうかは自分では分からないのと同様なのです。しかし、私の主張が、私の啓示された宗教への信仰告白と矛盾するものではないことについては、完全に確信しています」（JubA, VII, 43）と語る。

メンデルスゾーンは、その確信の内容の一部を、奇跡をめぐるユダヤ教とキリスト教の理解の違いによって説明する。メンデルスゾーンによれば、キリスト教が真理と道徳的確実性を奇跡の業のみにもとづかせているのに対して、ユダヤ教は、出エジプト記にあるように、戒律が民族全体の前で与えられたという点に道徳的確実性の根拠を置いている。奇跡の業への信仰はあくまで戒律にもとづくのであり、奇跡の業の信憑性だけでは魔術師との判別が不可能になる。「私の宗教の原則によれば、伝統の源泉は公的な戒律の付与だけなのであって、単なる奇跡の業であってはならないのです」（JubA, VII, 45）。

さらに、メンデルスゾーンは、たとえ善意であれ、他者に対して自分の確信を押し付ける態度を批判する。人間の判断力は、慣れ親しんだ概念や先入見の影響を受けやすいものである。理性の判断も、こうした影響を受けやすいものであり、だからこそ、哲学者は、この危険性に絶えず心を配らざるを得ないのだが、この事情は、自分の場合も他人の場合も同様なのである。この場合、メンデルスゾーンは、独断論者と懐疑論者の間で中道の道を取ることを宣言する。宗教と倫理学の重要点な点については、一方で、徹底した吟味の結果として自分が獲得した確信には自信をもつべきだが、他方で、どんなに自分が確信を持っている事柄であっても、その確信によって隣人を裁かねばならない場合には、自分の確信に対して懐疑の精神をもち、安易に他人に押し付けないようにしなければならないと主張するのである。メンデルスゾーンはラーヴァターに対してもこの中間の道を期待するのである。

おわりに

以上の公開書簡で展開された論点は、生前には公刊されなかったボネの著作に対する『反対考察』の中でも詳述されており、『エルサレム』をはじめとした後の著作でも引き続き取り上げられることになった。この論争は、メンデルスゾーンのその後の生涯を決定づけることになり、後半生のメンデルスゾーンは、ヨーロッパの啓蒙文化とユダヤ教の両立可能性を説明する役割を担うことになった。

ラーヴァターの立場は、多数派の宗教の優位性を前提にして少数派の宗教を吸収しようとする内容をもっていた。当時、ラーヴァター的な立場に加えて、その発展形として、理性宗教のうちに個々の宗教を包摂していくタイプの理神論的議論も存在した。この場合、純粋な理性宗教に到達する途上では諸宗教には序列がつけられており、ユダヤ教はキリスト教に先立ってその歴史的特殊性を発展的に解消すべき存在として解釈され、その独自性を否定されることになったのである。それに対して、メンデルスゾーンは、キリスト教の場合であれ、理性宗教の場合であれ、宗教の差異を消滅させる形での信仰の合一には一貫して批判的であった。

宗教の差異を消滅させないための理由付けは、メンデルスゾーンの場合は、他者の宗教文化が持つ（外見上の）誤謬への寛容的態度の議論に現れているものと解釈できる。メンデルスゾーンは、一方では、諸宗教がもつ共通の基盤として理性の普遍性を強調したわけだが、他方では、他者の宗教文化が理性にとっての他者にとどまりつづける事態について自覚的であったといえる。寛容が問題となるのは、自他の宗教文化の差異は理性では完全には解消できないものだからである。理性では納得できない部分が残るからこそ、現代ドイツの哲学者ライナー・フォアストが寛容を「痛みを伴う徳」と呼んでいるように[6]、違和感を覚えながらも相手の文化を尊重しなければならないのである。メンデルスゾーンはこの点に自覚的であったといえる。

註

（1）本章は、第七八回日本宗教学会（二〇一九年九月一四日）での口頭研究発表の原稿にもとづいている。
（2）Julius H. Schoeps, *Das Erbe der Mendelssohns, Biographie einer Familie*, Frankfrut am Main: S. Ficher, 2009, S. 66.
（3）David Sorkin, *Moses Mendelssohn and the Religious Enlightenment*, London: Peter Halban, 1996（電子書籍版, 2012）, No. 1124/8072.
（4）ここでソクラテスの名前が登場するのは、メンデルスゾーンがプラトンの『パイドン』を翻案した哲学小説『フェードン』により一躍「ドイツのソクラテス」と呼ばれるようになったことを念頭に置いてる。
（5）この時点では、八〇年代の論考のようにユダヤ人の権利を積極的に主張するのではなく、トラブルを回避するためにマジョリティの寛容を請う形の書き方をしている。
（6）Vgl. Rainer Forst, *Toleranz im Konflikt. Geschichte, Gehalt und Gegenwart eines umstrittenen Begriffs*, Frankfurt am Main: Suhrkamp, 2003.

第八章　道徳の進歩をどのように理解すべきか――カントとメンデルスゾーンの議論から考える

はじめに

道徳の進歩をどのように理解すべきか。この問いは、長い歴史の中で繰り返し提出されてきたものであり、現代の政治状況の中でふたたび注目を集めている。現代の代表的な議論を見ても、人権に包摂される対象範囲が拡大してきたことを道徳的進歩の証拠と見なす論者もいれば、それを西洋的観念のコロニアルな拡張主義にすぎないと考える論者も存在する。[1] そもそも何をもって進歩と見なすのか、その尺度は一様ではないし、進歩に関する思想的アプローチも、歴史哲学、進化倫理学、形而上学など様々である。

本章では、道徳の進歩をめぐる現代の議論を念頭に置きつつも、直接的にそれを論じるのではなくて、一八世紀後半の啓蒙思想に焦点を当てたい。ここで取り上げるのはカントとメンデルスゾーンの道徳の進歩に関する見解の相違である。カントとメンデルスゾーンは共に啓蒙期の代表的な哲学者であるが、道徳の進歩をめぐる個の位置づけに関して両者の考えは異なっている。本章では、二人の啓蒙哲学者の見解の相違がどこに起因するのか、さらには、通常語られているほどには両者の違いは大きくはないのか、という点について考察したい。[2]

一　啓蒙をめぐる論争

一七八三年にケーニヒスベルクの侍医メーゼンやベルリンの牧師ツェルナーによって啓蒙の成果や定義をめぐる問いかけが行なわれたことで、ドイツの後期啓蒙主義者の間で論争が巻き起こった。メンデルスゾーンとカントは、この論争に応答する形で、一七八四年に『ベルリン月報』に「啓蒙とは何か」をテーマにした小論を発表した。『ベルリン月報』は、知識人たちが自由に議論をするための非公開のサークルであったベルリン水曜会が母体となって公刊されていた雑誌である。メンデルスゾーンはベルリン水曜会には名誉会員として参加しており、上記の啓蒙に関する小論も、この会での口頭発表にもとづいている。カントの論考は編集者のビースターの要請によって執筆されたものであり、メンデルスゾーンの論考とは独立に成立したものである。

最初に少し指摘しておきたいことは、二人の市民としての状況の違いが、それぞれの論考に反映している点である。カントは、プロイセンの市民としての権利を享受していたが、メンデルスゾーンは、ベルリン啓蒙主義の牽引者の一人でありながら、同時に、マイノリティのユダヤ人として、教育、就業、居住等において著しい制限を受けていた。メンデルスゾーンは、プロイセンの官僚のドームやクラインに協力することで、ユダヤ人の市民的地位の向上のために尽力していたが、その心中は希望と落胆のはざまにあった。特に晩年になると、疾風怒濤などの啓蒙批判の思潮が活況を呈し始めたこともあって、啓蒙の進展について諦念の思いを強くしていた。

二人の論考の違いを確認していこう。カントの啓蒙論は、理性使用に関する未成熟状態を脱して各人が自主的に思考し行動するように呼び掛けるところに最大の特徴がある。カントは、現代は、啓蒙された時代ではなくて啓蒙されつつある時代であると述べ、啓蒙の永続的進展を語る。カントは、フリードリヒ大王の世紀を啓蒙の世紀であると形容する（VIII. 40）。しかし、これは王に対する阿諛にとどまるものではない。カントは、宗教に関する自由な判断を突破口として啓蒙的思考（理性の公的使用）が徐々に別の領域にも波及することで、国民の自主性を最大限に尊重しなければならない政治体制へと王国が変化していくことを期待していたように思われる。

カントの啓蒙論では、啓蒙への希望と進歩が強調されている。これに対して、メンデルスゾーンの啓蒙論は、啓蒙に関する抑制された論調に特徴がある。メンデルスゾーンは、当時の啓蒙専制君主たちに対しては両義的な主張を展開している。一方で、人権拡張にいち早く着手した君主としてハプスブルクのヨーゼフ二世を賞賛する言葉を残しているが、他方で、君主たちの上からの啓蒙政策が、ユダヤ人への市民権の賦与とひきかえにユダヤの宗教文化を解体させかねないことに警戒心を抱いていたのである。

メンデルスゾーンの啓蒙論では、「教養・人間形成（Bildung）」という上位概念のもとで「啓蒙」と「文化」という下位概念が区別されている（JubA. VI 1, 115）。メンデルスゾーンは、啓蒙を単独では議論せず、文化と一緒になって全体としての人間形成に寄与すべき一つの構成要素として考えている。「教養」とは、完全性へと高まっていく過程で、人間の使命を実現していくことを意味する。啓蒙は理論的な側面を代表し、文化は実践的な側面を代表する。啓蒙は、学問的な領域での理性認識（自然法則に従った理性的認識や熟慮）の遂行を意味しており、文化は、手仕事、社会的な相互行為、傾向性、慣習といったものに関係している。文化と啓蒙は、客観的には緊密な仕方で結びついているが、主観的には分離している。

カントが主に知的・法的側面から自主的思考を強調するのに対して、メンデルスゾーンは、自主的思考を支える文化的・社会的条件を重視する。それが特に「文化」の問題として提起されている[3]。啓蒙に加えて文化を論じる背景には、様々な文化を享受する機会が奪われ、社会的にも不安定な状態では、自主的な思考をするにも困難が大きいことへのメンデルスゾーンの切実な問題意識が存在していたといえる。

啓蒙と文化の関係は、魂の能力内部の理性と感性の関係としても捉えられる。初期の論考である「傾向性の支配について」でも芸術家が特に意識しなくても規則に習熟できるようになるのと同様に、道徳的な人間も魂の上位能力と下位能力を調和にもたらすことで、そういった習熟のプロセスを踏む必要があることが述べられている。ヒンスケは、メンデルスゾーンのことをバランスの哲学者と評しているが[4]、最終的には「啓蒙」と「文化」のバランスが重要な問題となる。メンデルスゾーンは両者のバランスについて次のように述べている。「啓蒙と文化が同じテンポで進行している場合は、両者はお互いに腐敗の防止への最高の手段となる。一方の崩壊は、ただちに他の崩壊につながる。それゆえ、国民の教養が、すでに説明したように、文化と啓蒙から構成されているのなら、腐敗の危険からは十分に逃れていることになる」(JubA. VI 1. 118)。続けて、メンデルスゾーンは次のような印象深い言葉を述べている。「教養によって繁栄の絶頂にまで到達した国家は、まさにそのために、もはやそれ以上には登ることができないゆえに、墜落の危険にある」(Ebd.)。メンデルスゾーンは、ユダヤの賢人の「ものがその完全性において高貴になればなるほど、腐敗の危険が増大する」という言葉をひいて、繁栄が腐敗へと転落した事例を列挙している。腐った樹木よりも、腐った動物の方がおぞましいように、腐った動物よりも、腐った人間の方がおぞましいのである。人間は完全性に伴う地位の高さゆえに、かえってその腐敗もおぞましいものとなるのである。

かつてヒンスケは、このようなメンデルスゾーンの議論を、いわゆる「啓蒙の弁証法」という認識の先駆形態として解釈した[5]。啓蒙の弁証法とは、神話を克復した啓蒙が、ふたたび神話に退行する事態のことを指す。精神による自然支配を極端なまでに推し進めようとしたことで、精神自体も空洞化し、最終的には、自分自身をも支配の対象とすることで、克服しようとした自然へと反転してしまうのである。ホルクハイマーは、カントの啓蒙思想には野蛮への転落の恐怖があると語っているが、メンデルスゾーンは感性的なものを敵対視せず、理性との間でバランスを取ろうとしたといえる。

メンデルスゾーンは、啓蒙のみを突出させることなく、啓蒙と文化の二つの要素間でバランスを取るべきであると述べる。この点は、彼が、急進的啓蒙から注意深く距離を取り、それぞれの文化がもつ偏見への寛容的態度を語ることにも現れている。メンデルスゾーンは、ヘニングス宛書簡で次のように述べている。

啓蒙が害となることがあるのでしょうか。もちろんそれ自体としてはそんなことはありえません。しかし、太陽が目を見えなくするように、偶然、害となる場合があります。私はまた言葉の説明にとどまりたいと思います。啓蒙は、理論的なものや認識や偏見を取り除くことにかかわっています。それに対して、文化は、習俗、社会、行為のすべてにかかわっています。啓蒙が文化にあまりに先んじるなら、文化を一時的にさえぎってしまうことになるでしょう。それは極端な成長が木にとって害になることがありうるのと同様なのです。たとえそれが、それ自体としては雨による成長の結果だとしても、です。……軽率に先へと進むことを望まない啓蒙主義者は、時間や状況を注意深くわきまえねばなりませんし、陽光が病人の治療になるような状況でのみ、カーテンを開けるのでなければなりません。しかし、その決断は彼自身に委ねられねばなりませんし、ここでは公的な機関が基準と目的を設定するのであってはならないのです。(6)

メンデルスゾーンはラーヴァターとの宗教論争の際にも、相手の文化の中に偏見や誤謬を発見したとしても、それらがすぐに道徳的危険性をもつものでないのなら、性急に否定すべきではないのであり、安易に否定するなら、宗教文化全体の安定性に思わぬダメージを与えかねないことを主張している。どの文化も抱えている偏見や誤謬を野蛮であるとしてよく考えないで否定するのは、「建物が堅固で安全であるかどうかを調査しようとして、建物を下支えせずに、地面を掘り返すのと同じことなのです」と述べている（JubA, VII, 14）。

最後に指摘しておくべき点は、メンデルスゾーンの場合、啓蒙と文化によって構成される教養・人間形成のシステムにおいては、道徳に関して、個々人の進歩はあるとしても、人類全体の直線的な進歩は存在しないものとされていることである。個々人において完全性の名のもとに潜在的素質の顕在化が語られるとしても、それは、歴史における進歩や発展ではないのである。この点について次に検討していこう。

二　進歩をめぐる類と個

カントは、進歩史観に関する問題を、歴史哲学や宗教哲学の諸論考の中で展開しているが、ここでは代表的な論考として『世界市民という観点から見た普遍史の理念』（以下、『普遍史』と略称）を中心的に取り上げたい。

カントは、『普遍史』では、個々の人間の行動は複雑で規則性がないように見えるが、人類全体を見ると、そこには自由がゆっくりとではあれ確実に発達していることが分かるのだ、と主張し、この試論を通して、人類全体の行動を導く「自然の意図（Naurabsicht）」のようなものが発見できないかどうか調べてみたいと述べている。カントは、『普遍史』の第二命題で、「（地上における唯一の理性的な被造物である）人間において、理性の利用という自然の素質が完全に発展するのは、個人（Individuum）ではなくて人類（Gattung）においてである」（VIII, 18）と語り、理性を開花させる進歩の主体が、個人ではなく人類であることを強調している。カントによると、一人の人間が、自分に備わる素質を完全に利用する方法を学ぼうとすれば、途方もなく長生きをする必要が発生する。かといって、自然が、人間に対して、そもそも能力を発揮することが不可能な能力を与えたと考えるのは不合理である。したがって、自然の意図は世代間を通した進歩にあると考える方が合理的なのである。続く第三命題では次のような議論が述べられている。一人の人間は、彼の努力の果実を自分では享受することができない。人間は、自然によって、実際に幸福を享受することではなくて、幸福に価する存在となることを求められているのである。個々の理性的存在者の一員としては誰もが死ぬわけだが、人類そのものとしては不滅であり、みずからの素質を完全に発達させる領域にまで到達することができるのである。

カントは、道徳の進歩について考える際に、人間は一人ひとりでは弱い存在であるからこそ、お互いに協力して倫理的公共体を形成する必要があることを主張する。それゆえに、個としては浮き沈みがあったとしても、類としての人類は進歩するのである。この主張は歴史哲学や宗教哲学の諸論稿の中で繰り返されている。たとえば『単なる理性の限界内における宗教』では、第一編で人間のうちに蟠踞する根源悪についての分析を展開したあとで、悪から脱却していくプロセスとして、第三編では倫理的公共体としての教会を設立すべきことが述べられている。

さて、以上のカントの議論とは対照的に、メンデルスゾーンの方は、進歩は人類全体には存在せず、個々の人間にしか妥当しないという立場を一貫して主張している。メンデルスゾーンは、この点について一七八二年のアウグスト・フォン・ヘニングス宛の書簡において次のように述べている。

> 自然は人類の完全性を意図してはいない。そうではないのだ！　個人としての人間の完全性こそが自然の意図なのである。個々の人間は、それぞれが、自らの素質と能力を発展させるべきなのであり、そのことで、常により完全な存在になるべきなのである。すべての個人がこの努力を行なうべきだからこそ、人類全体としてはこの循環を繰り返さざるを得ないのであり、私たちはこの状態についてしばしば不満を託つことになる。……個々人の発展こそが自然の使命であるからこそ、地上の人類全体は努力によって獲得した状態にとどまることができないのである（JubA, XIII, 65）。

ベルリン水曜会での発表原稿である「最善の体制について」の中でも類似の内容が展開されている。メンデルスゾーンによると、幸福とは、努力と保持の中間に存在する。能力を行使することなしには、国家も個人も幸福にはなれない。力は抵抗に遭遇する。抵抗がなくなったとき、糸の緊張は弛緩する。その意味で、循環こそが物事の道理をなしている。「父親が名誉と財産を獲得して、それらを子どもに残したとする。そこには、獲得の努力を伴わない単なる享受しか残されてはいない。父親が自由を勝ち取り攻撃から身を守ったとして、子どもたちにとっては安楽と奴隷根性だけが幅をきかせることになる。すべての偏見に戦いを挑みそれらが根絶されたとして、子どもたちの間では、真理への愛は消え去り熱を失い、啓蒙への刺激は存在しなくなる。父から息子へと幸福が委譲される国家の全体に関しては、静止と後退が不可避であるように思われる。糸が何ほどかの緊張を維持するためには、最高度の完全性は後退を免れないのではないか？」（JubA, VI 1, 145）。

メンデルスゾーンの議論は続く。より高度の完全性を実現することが人間の使命であるとして、「最終的目的は、社会の進歩ではなく、〔個々の〕人間たちの進歩にある」（Ebd.）。個々の人間は、それぞれの場所で進歩を見出す。社会は状況によって停滞を続けたり後退したりするが、その中にあっても、個々の人間は休むことなく現れ続けるのである。メンデルスゾーンは、個々の人間の進歩は、人類全体の静止や後退と十分に両立するのであり、場合によってはその結びつきは必然的でさえあるのだ、と語っている。

こうしたメンデルスゾーンの議論に対して、カントは次のように反論している。カントは、『ベルリン月報』に掲載された「理論においては役に立つが、実践には役立たないという俗諺について」の第三部で、歴史の進歩を否定する論者としてメンデルスゾーンを登場させている。メンデルスゾーンは、『エルサレム』では、親友レッシングが『人類の教育』で述べた人類の進歩という発想は理解しがたいものであり、進歩という概念は個々人には妥当するが、人類全体には当てはまらないと主張した。カントはこの点を念頭において、次のように語っている。カントによれば、メンデルスゾーンにとっては、「この地上の人類は、全体として見れば、時間の経過と共に常に前進し、完全なものになるはずだ、というのは妄想なのである。」さらに「個々の人間は前進する。しかし、人類は固定した限界のあいだをたえず上下に揺れ続けているのであって、全体としてみるならば、どの時点においても道徳性はほぼ同じ段階にとどまっているのであり、宗教と非宗教、徳と悪徳、幸福と不幸はほぼ同じ度合いにとどまっている」というのがメンデルスゾーンの認識であった。しかし、カントはこれに対して「自分は意見が異なる」と述べたうえで、「その〔道徳の〕前進はたしかに断続的ではあっても、決して停止することはないのだ」と語る。（VIII, 308-309）人間には、生殖の連鎖の中で、子どもがよりよい存在になるように働きかける義務がある。カントによれば、道徳的進歩については、たくさんの疑いが投げかけられるとしても、実行不可能であることが完全に証明されない限りは、この義務を放棄することはできないのである。「もし、よりよい時代が訪れるという希望がなかったら、皆の幸福に役立つことをしたいという真摯な欲求は、決して人間の心を沸き立たせることはなかっただろう。しかし、この希望は、いつの時代にも、思慮深い人びとに対して影響力をもっていた。そして、善良なるメンデルスゾーンも、自分がその一員である民族の啓蒙と福利とをあれほどまでに熱心に追及していたときには、この希望をあてにしていたにちがいなかった。なぜなら、他人が自分のあとで同じ道を前進することがないときに、自分一人だけでよりよい時代をもたらす希望などもつことができないのは、理性的に考えれば当然のことだったからである」（VIII. 309）。さらに、カントは、これまで一度も成功していないからといって、今後も決して成功しないと語ることはできないのであり、人間は自分が昇りつめた道徳性の段階が高ければ高いほど、自分への自己批判が厳しくなるのであるから、人類が堕落しているという主張が出てくるのも、そのせいなのである、と語っている。

最後に、カントが、反発や抵抗が結果的には道徳の進歩に役立つことがある、という主張を展開している点に触れておきたい。『普遍史』の第四命題では、自然は人間の素質を発達させるために「非社交的社交性」という対立関係を利用するのであり、この対立関係こそが最終的には法的秩序を生みだす原因となることが述べられている。人間は、一方では集まって社会を形成しようとする傾向をもつが、他方では他者を閉め出して一人になろうとする傾向も有している。「非社交的社交性」に見られる拮抗関係は、あまり好ましいものではないとしても、人間が、無為の状態から労働や労苦の生活に踏み出して、素質を開花させるためには必要不可欠なのだ、とカントは主張する。

カントによると、国際関係においてさえ、自然は、この「非社交的社交性」という拮抗関係を利用して、敵対的関係のうちから平和を生みだそうとする。敵対的関係は、様々な混乱や荒廃を経た後に国際的連合を形成するための原因なのである。カントは、このような否定的媒介ともいうべき現象を、進歩へ向かううえでの不可避の学びとして理解しているように思われる。しかし、正直なところ、悪から善への展開が起こる仕組みについては、よく理解できないところがある。学びのための代償があまりにも大きすぎる場合もあるのではないだろうか。カント自身、この展開の原因については十分な説明を展開しているとはいえず、一種の摂理であると語っている。人類がよりよい方向へと歩みを加速するのは、「それを実現するために、私たちがどんな手段を取るかによって決定されるのではなくて、自分からは簡単には受け入れられない軌道へと無理やりに入らせるために、人間の自然本性が私たちのうちにあって私たちと共に何をなすかによって決定されるのだ」（VIII, 310）。

まとめると、経験的反証は実践理性の存在を揺るがすものではないので、どれほどの荒廃があったとしても、道徳の進歩へ向けて努力し続けなければならないというのがカントの主張であったと考えられる。すでに見たように、メンデルスゾーンも、人間の幸福を、いわば動的平衡状態として捉えており、幸福の維持には抵抗が不可欠であるとの認識をもっていた。カントとメンデルスゾーンは、広い意味での啓蒙運動を静止状態ではなくて動的なものとして考える点では共通する部分がある。しかし、メンデルスゾーンは、それを歴史における前進ではなく、循環における永続的な批判運動として理解したのである。

おわりに

道徳の進歩を否定するメンデルスゾーンの議論は、彼が置かれていたマイノリティとしての地位と関係している。彼は、自身のマイノリティとしての不安定な状況を考えたとき、人類全体の進歩のような啓蒙主義の大きな物語を単純には受容できなかったものと考えられる。メンデルスゾーンは、人類全体の進歩において、その階梯に序列をつける考え方に批判的であった。彼が『エルサレム』において親友レッシングの『人類の教育』に苦言を呈したのは、ユダヤ教を人類全体の教育における初等教科書としてキリスト教よりも劣位に位置づけている点に納得がいかなかったからである。いずれにせよ、進歩を語る際のメンデルスゾーンのまなざしは、人類全体ではなくて、徹底して個々の人間に向けられていたのである。

このあたりの事情は、彼の思想が、歴史哲学ではなくて、人間学的思考をベースにしている点にも関係しているものと考えられる。メンデルスゾーンは、個々の人間の生まれ持った能力の開発を非歴史的な視点で捉えているところがある。[7]そのせいで、メンデルスゾーンは、歴史のうちに理性の進展を見なかった旧世代の哲学者として見られることがあるが、それゆえに一九世紀的近代の図式から自由であった部分がある。

最後に、現代のフランクフルト学派の人びとによる進歩理解に言及しておきたい。一方で、カントの進歩に関する議論は、アクセル・ホーネットが解釈するように、啓蒙のプロジェクトに積極的にコミットするものといえる。「世代を超えた学習のプロセスという思想は、啓蒙の当事者という歴史的自己理解を強いる構成主義的な思想として理解されねばならない。啓蒙主義の道徳問題に積極的に参加しようとする人物は、彼らに先立つ時代をまさに葛藤にみちた学習の過程として把握し、彼らの時代においてその遺産を継続しようとするのである」[8]。

ライナー・フォアストは、進歩とは被抑圧的状況から先へ進もうとすることなのであり、批判とほぼ同義であると主張する。フォアストは、進歩という観念において最も重要なのは自己規定の可能性であり、何が進歩であるかを自分で決定することができる権利である、と主張する。その意味では、メンデルスゾーンも彼自身の観点から何が進歩であるかを決定したのである。フォアストは、進歩に関する小論の末尾で、進歩史観の徹底した批判者であったベンヤミンが「希望なき者のためにのみ希望は与えられている」と述べた点に言及しているが、これはメンデルスゾーンにも当てはまるかもしれない。[9]

註

（1）Cf. Amy Allen, *The End of Progress*, Columbia University Press, 2016. Allen Buchanan and Russell Powell, *The Evolution of Moral Progress*, Oxford: Oxford University Press, 2018. Steven Pinker, *Enlightenment Now, The Case for Reason, Science, Humanism, and Progress*, New York: Viking（スティーブン・ピンカー『21世紀の啓蒙――理性、科学、ヒューマニズム、進歩

上・下巻』橘明美・坂田雪子訳、草思社、二〇一九年), 2018.

（2）本章は、日本倫理学会・第七〇回大会（二〇一九年一〇月五日）での個人研究発表の際の原稿にもとづいている。

（3）Vgl. Christoph Schulte, Was heißt aufklären? Zur Aktualität von Moses Mendelssohns Aufklärungsverständnis, *Mendelssohn Studien*, Bd. 16, Hannover: Wehrhan Verlag, 2009.

（4）Norbert Hinske,Über die Aktualität Mendelssohns, in *Ich hande mit Vernunft: Moses Mendelssohn und die europäische Aufklärung*, hrsg. v. Hinske, Hamburg: Felix Meiner, 1981, S. 93.

（5）Max Horkhemer und Theodor W. Adorno, *Dialektik der Aufkärung*, Frankfurt am Main: S. Fischer, 1998, S. 93.

（6）Moses Mendelssohn, *Briefwechsel der letzen Lebensjahre*, eingeleitet v. Alexander Altmann, Stuttgart-Bad Cannstatt: Friedrich Frommann, 1979, S. 237.

（7）Vgl. Grazyna Jurewicz, Das aktuelle Wort zur Bestimmung des Menschen aus dem Schatz der Aufklärung: Der Mensch und die Geschichte bei Mendelssohn, *Mendelssohn Studien*, Bd. 15, Hannover: Wehrhan Verlag, 2007. 彼の個の理解はライプニッツのモナドロジー的世界観から影響を受けている。

（8）Axel Honneth, Die Unhintergehbarkeit des Fortschritts, Kants Bestimmung des Verhältnisses von Moral und Geschichte, in *Pathlogien der Vernunft, Geschichte und Gegenwart der Kritishen Theorie*, Frankfurt am Main: Suhrkamp, 2007, S. 27.

（9）Rainer Forst, Der Begriff des Fortschritts, in *Normativität und Macht, Zur Analyse sozialer Rechtfertigungsordnungen*, Frankfurt am Main: Suhrkamp, 2015, S. 110.

第Ⅲ部

メンデルスゾーンの現代性

第九章　世俗と宗教の翻訳可能性

はじめに

二〇〇八年に発表された論文「欠けたるものの意識」の中で、ハーバーマスは、かつてスイスの文豪マックス・フリッシュの葬儀に出席した時のことを次のように回想している。

一九九一年四月、チューリッヒの聖ペーター教会でマックス・フリッシュの葬儀が行なわれた。はじめに、フリッシュの伴侶であったカーリン・ピリオッドが故人について短い言葉を述べた。その中で彼女は次のような印象深い言葉を語った。「アーメンとは申しません。葬儀の間、教会の中に棺を置くことをお許し下さったことに対して、……チューリッヒの聖ペーター教会の牧師の皆様に感謝いたします。遺灰はどこかに散骨することになります」。二人の友人だけが語った。聖職者はおらず、祝福の言葉もなかった。葬儀の参列者は知識人で占められており、その中には宗教に意味を見出していない人物たちが少なくなかった。葬儀に続く会食のメニューはフリッシュ自身が選定したものだった。当時、私はこの葬儀を特に注目に値するものとは思っていなかった。しかし、その形式、場所、葬儀の進行形態は注目すべきものであった。マックス・フリッシュ――彼はあらゆる信仰告白に抗った不可知論者であった——は、無宗教的に行なわれる埋葬の形態を明らかにばつの悪いものと感じており、葬儀の場所の選択によって次の事実を公的に告げていたのだ。つまり、啓蒙された近代は、人生の終わりを締めくくる通過儀礼を宗教的な仕方で取り行なうのに匹敵するだけの等価物を見出すことはなかったのだ、ということを。(1)

ハーバーマスは、この出来事をポスト世俗化の時代における宗教的なものを象徴するエピソードとして理解している。これはたんに失われたものへのメランコリーにとどまるものではない。聖なる場所で行なわれた世俗の葬儀は、世俗的理性がこれまで解決済みと考えてきた宗教との関係を揺さぶるものであり、哲学によっては代替できない何かを告知する事件であったといえる。ハーバーマスは、この事態を、近代に関する哲学の啓蒙的自己理解と世界宗教の神学的自己理解の間の弁証法とも言い換えている。ここで問題となるのは、科学が進歩し社会が分化することで宗教が衰退すると主張した世俗化論以後の宗教の在り処である。

近代化と世俗化の間に密接な関連を見るテーゼは、二〇世紀後半から様々な方面で批判的に検討されてきた。その背景には、イスラームの世界的なネットワークやアメリカにおける宗教的市民の政治活動など、様々な「宗教復活」を印象づける現象が、世俗化をめぐる西ヨーロッパの宗教理解の妥当性に対して再考を促したことがある。しかし、またその一方では、先進国を中心に伝統宗教の求心力が低下し続けていることも否定できない事実である。さらには、スピリチュアリズムに見られるように、教団宗教の枠にとらわれずに宗教的なものに関与する人びとも少なからず存在する。いずれにせよ、近代西洋がもたらしたと宗教の線引きの妥当性が問われている状況といえるだろう。

ハーバーマスは、近代のプロジェクトを継承することを主張する代表的論客として活動してきたわけだが、彼は、近年、世俗化論以後の宗教について積極的な言及を行なっている。ハーバーマスは、世俗と宗教の共存関係を考える場合に「翻訳」を一つのキーワードとして用いている。ハーバーマスは、公共圏での発言においては、宗教は自らの言説の意味内容を誰もが分かる言葉へと翻訳する努力を放棄してはならないし、世俗の側もその語りに耳をかたむけ、翻訳作業に協力しなければならない、と主張する。つまりは、世俗化の過程を共同翻訳作業の過程として捉えているのである。本章では、近年のハーバーマスの議論を中心に、ポスト世俗化時代の世俗と宗教の関係を「翻訳」という観点から考えたい。この場合、翻訳という言葉は、翻訳学の想定するような厳密な意味ではなくて[2]、世俗的理性による宗教伝統の解釈という意味で用いることにする。

一　ポスト形而上学の思想

まず、ハーバーマスの宗教論を考える場合に押さえておく必要があるのは「ポスト形而上学」という哲学の現状認識である。これはディーター・ヘンリッヒやローベルト・シュペーマンなど、現代において形而上学を復権させようとする人びとを対比的に念頭におくことで語られてきた議論であり、その基本的な立場は『ポスト形而上学の思想』（一九八八年）に収録された八〇年代の論考に集約されている。

ハーバーマスは、ポスト形而上学の時代においては、哲学は、専門分野の一つとしての地位に甘んじざるを得なくなったことの出発点としている。哲学は、言語論的展開を遂げた後、意識ではなくて対話的状況を与件としなければならなくなった。世界を構成する超越論的主観は哲学の基礎とはなりえない以上、哲学は「座席確保者（Platzhalter）」ではあっても「座席指定者（Platzanweiser）」あるいは「裁判官」ではないのだ、というのがハーバーマスの主張である[3]。哲学はもはや諸学に対する根本学ではない。他の学問と歩みを共にしつつ、理論形成のための場所を空けておくのが哲学の仕事となる。哲学は他の学問に対して抜きんでた位置にあるわけではないが、もちろん諸学と完全に同じ内容をもつわけではない。哲学には、学問に先立つ形で存在する生活世界の意味内実を明らかにする役割がある。ポスト形而上学の思想においては、生活世界との連関こそが、かつての存在論的な根拠づけとは異なる仕方で、哲学の全体性への志向を保持する場となる。

ハーバーマスによると、科学・法・道徳・芸術といった各種の専門分野が分化し自律したことで、形而上学や宗教的教説はかつてのように全体的説明をなしうるものではなくなった。カントの三批判書が示すように、近代においては様々な合理性が自律化しており、このような分化を受け入れたうえで哲学は思考を展開せざるをえないのである。近代以降、形而上学的思考の中にあった同一性、観念論、理論の優位といった要素は、屈折をこうむることになった。合理性は、近代以前には、実質的合理性として、世界の中の合理的全体性を先取り的に把握していた。しかし、理性は、今となっては、事物自身の秩序ではなくて、手続きにかなった仕方で現実と交渉する場合の合理性としての性格をもつことになる。(4) つまり、問題を解く場合の手続きの合理性が重要になってくるのであり、それは政治の場合には民主的国家の正当な法制定の手続きに関わる問題として現れることになる。

『ポスト形而上学の思想』では、ハーバーマスは、哲学は、限定的な形ではあれ、かつての救済宗教の意味内実を明らかにすることが必要であると主張する。しかし、その一方で、哲学の言語では宗教がもつ意味機能を代替できない部分があることを指摘している。今日において宗教は世界像としての機能の大部分を喪失したが、宗教は、芸術と並んで（あるいはそれ以上に）、日常における非日常的なものとの交わりを考えるうえでは貴重な存在である、とハーバーマスは指摘する。

それゆえ、ポスト形而上学の思想も依然として宗教的実践と共存している。……宗教言語の意味論的内容の中には、われわれに霊感を与えるもの、ともかく廃棄できないものがあり、これらは哲学的言語の表現力では（今のところ？）手におえないもの、基礎づけを行なう討議への翻訳がいまなお待望されているようなものとして存在している。こうしたものがある限り、哲学は、形而上学以後の形態を取っても、宗教の代わりとはならないし、宗教を抑圧することもできないだろう。(5)

二〇〇〇年代の論考になると、世俗側と宗教側が同じ目線で相互の学習過程に入るべきことが重視されるようになるが、この段階ではその点についてはあまり強調されていない。しかし、世俗的理性が宗教に潜在する意味に対して開かれていなければならない、という主張はこの時点から一貫している。しかし、哲学には代替できないものや、宗教がもつ意味の厚みについては、その後の論考で思索が深められたものといえる。

二　生命倫理をめぐる宗教的眼差し

二〇〇一年一〇月に行なわれたハーバーマスのドイツ書籍協会・平和賞受賞講演「信と知」は、ドイツの公衆から大きな反響をもって受けとめられた。この講演を一つの境として、二〇〇〇年代のハーバーマスの思索では宗教が大きな位置を占めるようになったが、その少し前から生命倫理に関わる問題系において宗教的な事柄が意識されている。翻訳に関わる点でも興味深い発言が見られるので、その点について確認しておきたい。

生命倫理に関するハーバーマスの思索は『人間の将来とバイオエシックス』（二〇〇一年）の中に結実している。本書の冒頭では、従来、ポスト形而上学の思想は個々の人びとに良き生き方を直接的に示すような答えを出すことの禁止を前提としてきたが、人間本性自身を改造しうる遺伝子操作が可能となった現代において、類のレベルで人間はどのような存在であるべきか、という倫理的問題について何も答えないままでよいのだろうかという問いが掲げられている。(6)

同書でハーバーマスは、人間の自由な活動の端緒は不可侵のものでなければならないことを強調している。しかし、この場合、ハーバーマスは、人間の自由の原初にあるものは殊更に宗教的なものに訴えなくても語れるものであると述べている。

自己に固有の自由は、思う通りに変えることのできない自然的なものとの関連において体験される。人格は、自己の有限性にもかかわらず、自分が自らの行為と要求のそれ以上にはさかのぼることのできない起源であることを理解している。しかし、だからといって、そのような起源としての自己の由来を、自分の手の届かない原初にまでさかのぼらせる必要があるのだろうか。つまり、神や自然のように、他の人格には手が届かない存在であるがゆえに自己の自由について予断をもつ必要がないような原初に依拠する必要があるのだろうか。そうした手の届かない原初という概念に必要な役割を果たすためには、生誕の自然性でも十分である。(7)

マイケル・サンデルは、ハーバーマスのこうした主張を取り上げて、リベラリズムを標榜する論者たちも自律の出発点に或る種の自然性を想定しているのだ、と指摘している。(8) サンデルの場合は、生誕における自然性の次元をもっと直接的に「被贈与性（giftedness）」の問題として捉えている。シュペーマンもこのようなハーバーマスの議論を討議倫理以前の基盤を考察したものとして理解している。(9) 当のハーバーマスは、こういった問題をあくまでポスト形而上学の議論として考察しようとする。ハーバーマスの結論としては次のようになる。宗教的かつ形面上学的な食がその普遍的力を失ったことで、世界観上の多元主義を前提にした中で道徳的な判断を下さねばならなくなったが、この場合に、世界観の違いを超えて人間にふさわしい生活のための基盤を提供するのは、理性道徳と人権なのである。(10)

しかし、同時にハーバーマスは、人権概念の聖書的由来にも注目している。後で見るラッツィンガー枢機卿（後のローマ教皇ベネディクト一六世）との対論では、ハーバーマスは、「神の似姿」に由来する人権概念を、宗教伝統のもつ意味内実を哲学が翻訳することで宗教共同体を超えた公的な価値へと広げた成功例であると述べている。

この〔翻訳による〕吸収・消化という知的作業は、元々の宗教的意味の変容をもたらしたが、そのことで、宗教的意味を空洞化し、無価値にし、使い尽くしてしまったわけではない。神の似姿としての人間という表現が、あらゆる人間にとっての、平等に、そして絶対的に尊重されねばならない尊厳という言葉へ翻訳されたのは、こうした救済する翻訳の例であるといえる。このように翻訳されることによって、聖書の概念の実質が、宗教的共同体の境界を越えて、信仰の異なる人びとや無信仰の人びとを含む広い公衆に解き明かされることになるのだ。(11)

ハーバーマスは、「信と知」では、胚研究におけるバイオ技術的介入に関連して、創世記第一章二七節の「神はご自分にかたどって人を創造された」という文言を次のように解釈している。愛としての神はアダムとエヴァという形で神と等しい自由な存在を創造した。しかしこの事態を信仰はしないとしても、その文言から私たちは「似姿(Ebenbildlichkeit)」という概念を理解することができる。この創造行為は、愛や自由が他者による承認なくしては成立しない、ということを意味している。創造者としての神は被造物に対して技術者やプログラマーのような仕方で介入するわけではない。神は人間をあくまで自由な存在として創造した。世俗の人間は、ここから、人間は次世代の人間に対して、出生の時点で変更不可能な操作を加えることなく、彼らを自由な存在としてこの世に誕生させねばならないのだ、という意味を引き出すことができる。繰り返しになるが、この場合、ハーバーマスは、聖書の文言は、神学的な前提を信じていなくても、同意なく胚に介入してはならないという意味で解釈できるのだ、と述べている。(12)

ハーバーマスは、このような仕方で、伝統宗教のうちにある意味の潜勢力を哲学によって引き出そうとする。ハーバーマスの場合、世俗的理性による宗教的言説の翻訳は、哲学的認識の問題にとどまるものではなく、政治の次元でも必要不可欠な作業として考えられている。この点で、「ポスト形而上学」という哲学的問題は「ポスト世俗化」という社会学的問題と連関してくることになる。

三　公共圏における翻訳と相互補完的な学習プロセス

二〇〇四年に、ハーバーマスとラッツィンガー枢機卿との間で、世俗的国家の道徳的基盤をどこに見出すのか、というテーマで対論が行なわれた。もともと「世俗化」とは、ウェストファリア条約締結後の状況において教会財産を世俗的国家へと割譲するという法的文脈で使用されていた言葉である。その結果として、世俗の権力とキリスト教的規範との関係が徐々に弱まり、「世俗的」国家が成立することになったのである。

この対論では、立憲民主国家の憲法制定のプロセスそのものに道徳の基盤を見出そうとするハーバーマスと、近代国家成立以前の宗教的伝統に道徳の源泉を見出そうとするラッツィンガーとの立場の違いが際立つ結果となった。二人の間には科学技術と宗教的狂信の行き過ぎを理性によって調整しようとする点では共通点も見られるが、その理性概念の内容は大きく異なっている。一方は、共同で法制定を行なうコミュニケーション能力としての理性であるが、他方は、神の創造した事物の秩序としての理性なのである。

対論でのハーバーマスの議論を幾つかの論考から補足しながら確認しておこう。立憲国家においては、法的に実現可能な規範は、かならず、すべての市民が理解できる言語により表現されうるものであり、また、公的な議論の場で正当化しうるものでなければならない。国家は世界観上の中立性を保持しなければならないが、だからといって政治的公共圏での宗教的発言を許すべきではない、ということにはならない[13]。留意すべきは、議会、裁判所、官庁などで行なわれる制度化された審議と、公共の場で行なわれる意志形成への市民のゆるやかな参加とは明確に異なるという点である。国家権力の宗教的中立と、宗教的発言を政治的公共圏から排除することは別の問題である。宗教的市民は、制度化された審議ではない場面では、公共の問題をめぐる議論に宗教的語彙を用いて参加することができるのである。

公共圏が宗教に対してリベラルな態度を取るべきであるという場合、そこには二つの理由がある。(14) 第一に、宗教者は、公共の場での意見形成に、宗教的な言葉を守りながら参加することが可能でなければならない。次に、公共の場が多様な意見を性急に切り落としてしまうことは、社会の中から貴重な文化資源を切り落としてしまうことになる。世俗的態度を取る市民は、宗教的市民に対して同じ目線で対応しなければならない。宗教的発言の中に含まれている直観や意味内容は、世俗の言葉に翻訳することで、公共の議論にもちこめるかもしれないのである。宗教の伝統と世俗の双方にとって、この学習プロセスは相互補完的でなければならないのである。

世俗化された市民は、国家公民としての役割において公共の場で行動する場合には、宗教的な世界像には原理的に見て真理のポテンシャルがないと言ってはならないし、また信仰を持った市民たちが彼らの宗教的な言語を用いて公共の議論に寄与しようとする権利を否定してはならないのである。それどころか、リベラルな文化は、宗教的な言語でなされた重要な議論を公共の誰もが分かる言語に翻訳する努力に世俗化された市民たちが参加することを、期待しうるのである。(15)

ポスト形而上学の思想は、良き生活へ向かって人間を導く力をもってはいない。しかし、宗教共同体に集う人びとのうちには、ドグマと強制が避けられている限りは、人生に関する道徳的直観が無傷で残っている可能性がある。このポスト形而上学の思想と宗教の間の不均衡にこそ、哲学が宗教から学ばないといけない理由があるのだ。

ハーバーマスは、宗教と世俗の相互補完的な学習過程の起源をヤスパースの主張した軸の時代にまでさかのぼらせている。(16) 近代の学問は、往々にして、ギリシアを自らの起源としながらも、啓示信仰を他者と見なす傾向があった。しかし、軸の時代のことを思い起こすなら、世俗と宗教の学習プロセスは共通の起源をもつことになる。軸の時代とは、紀元前五〇〇年を中心とする数百年の間に幾つかの地域で並行して発生した文明の大転換を指すもので、聖書の預言者、古代ギリシアの哲学者、中国の儒家たちによって、全体的世界像の中での自己認識や個人の内面的自覚が促進された時代のことを指す[17]。

相互学習のプロセスにおいては、宗教の側は、世俗的理性による批判的問いかけを外面的にではなく自分が納得する形で受け入れなければならない。そこには宗教にとって苦渋に満ちた歩みがあった。ハーバーマスは、カトリックがリベラリズムと民主主義への公的な支持を表明するまでには、一九六〇年代の第二ヴァチカン公会議まで待つ必要があったことを指摘している[18]。他方で、哲学の側にとっては、相互学習のプロセスは、古くはキリスト教とギリシアの形而上学の相互関係に始まり、カントやヘーゲルの理性的宗教論を経て、デリダやレヴィナスの宗教思想にまで続いている。ハーバーマスは、このプロセスにおいては、自己反省の結果として自己の限界を意識した理性が、理性の他者へと引き寄せられることを警戒している。理性の敗北主義を避けながらも、その可謬性と分化した社会の中での脆い立場を意識している哲学は、世俗の語りと宗教の語りの二分法を維持しなければならない。この場合、哲学的理性は裁判官となって宗教の内容を判定してはならない。ヘーゲルは、哲学が宗教の意味内容を明らかにする学習プロセスに対して自覚的ではあったが、哲学の側が宗教の真理と非真理を決定する立場を保持していたので、宗教を精神の発展において哲学よりも一段低い過去の形態と見なす過ちを犯してしまった、とハーバーマスは述べている。

ハーバーマスの主張によれば、哲学は、ヘーゲルのような強い理論的概念を用いて宗教の価値判断を行なうべきではなく、一種の「不可知論」の立場を取らねばならない。これをハーバーマスは相互の学習過程における「学ぶ用意のある不可知論（Lernbereiter Agnostizismus）」と呼ぶ。世俗側が宗教との間で受容的な討議を行なうことを許容し、宗教伝統のうちに潜在する未だ汲みつくされていない意味に対して開かれた態度を取ることを指している。この点で、ハーバーマスは、カント哲学の宗教に対する立場を高く評価する。ポスト世俗化の宗教論は、手続き的合理性を重視するだけでなく、信と知の境界を明確にすることを目的としている。「学ぶ用意のある不可知論」とは、哲学が、宗教の価値を引き下げることなく、知の対象とはなりえない領域に対して不可知論の立場を取りながら、実践的には学びの姿勢を取り続けることを意味しているのである[19]。

四　翻訳と宗教的言語の関係をめぐって――テイラーとハーバーマス

ハーバーマスの主張に対しては様々な議論が交わされている。ここではチャールズ・テイラーによる批判とそれに対するハーバーマスの応答を見ていこう。

テイラーとハーバーマスは二〇〇九年に開催された「公的領域における宗教の力」をめぐるシンポジウムに登壇し、直接の討論を行なっている。テイラーの批判の要点は、ハーバーマスが世俗と宗教の境界線のみを特別視する点にある。テイラーは、多様な言説の中には宗教的なものと非宗教なものが混在しており、それらは等価であると考えている。宗教に限定されない多様な種類の言説の共訳不可能性と、それらの間の承認の問題が、テイラーの政治哲学の課題を形成している。テイラーの理解では、宗教は、あくまで善き生をめぐる多様な見解のうちの一つなのであり、その意味で、功利主義者とカント主義者の違いは、キリスト教内の宗派の違いと類比的であることになる。

このようなテイラーの批判に対してハーバーマスは次のように答えている。[20] もちろん動機づけのレベルでは宗教だけが特別なものではないが、宗教的理由付けとそれ以外の世俗的な哲学的理由づけは、宗教的共同体を背景にしているかどうかという点に違いがある。ハーバーマスの見解では、宗教的理由づけをする人は、暗黙の形ではあれ、ある宗教共同体の一員であること主張していることになる。共同体が共有する体験は実践や宗教儀礼にもとづいている。しかし、これは当該の実践や儀礼を共有しない人には理解の壁となる。カントや功利主義者の場合にはこのような事は存在しない。宗教的理由の根拠は、信念に関する認識論の次元だけでなく、共同体への帰属性や習慣的行為のような社会的次元にも関連している。

以上のハーバーマスの議論に対して、テイラーは次のような具体例を上げながら再度疑問を呈している。[21] その要点を示すと次のようなものである。もし私が「人間は神の似姿として創造されたゆえに、私は人権に賛成するのだ」と述べたとしても、私がユダヤ教、カトリック、プロテスタントのどの宗教実践を行なっているのか、あるいは創世記のうちに意義深い思想を見出しているだけなのかは、はっきりしないだろう。たしかに、私は聖テレーズを幻視した、などと語る場合には、その言説は背景にある特定の体験のことを直接的に指示している。それに対して、キング牧師がアメリカの憲法について述べる言説の場合はどうだろうか。彼は出エジプト記などに言及しながら、かなり強力なキリスト教的言説を展開している。しかし、私たちはキング牧師の言説を理解するのに困難は感じない。とはいえ、キング牧師の言説の背景にある深い体験を私たちは直接には想像できないし理解もできないだろう。どうして深い体験にもとづく言説を最初から排除しようとするのか。カント主義者がもつ心理的背景についても事情は同じではないのか[22]。このように、テイラーは、世俗の語りを誰もが接近しうるものと見なし、宗教の語りをそうでないものと見なすハーバーマスの二分法を批判するのである。

　これに対して、ハーバーマスは次のように回答している。翻訳といっても、理由づけの間に優劣をつけるという意味ではないし、理由づけが古臭いものであると主張したいわけではない。「ここ（シンポ）では、私たちは、哲学、歴史、社会学に関する理由づけに関して同じ空間の中を動いています。この場合、翻訳は必要ではありません。しかし、公的領域における宗教的言説の内容が、法的拘束力のある政治的決定やその正当化に影響を及ぼすのであれば、それは翻訳されねばなりません。議会、裁判所、官庁では、創世記第一章に言及するのならば、それは世俗的な言葉で説明されねばなりません[23]」。

　ハーバーマスは、世俗化においては、一つのコミュニティの見方を拡張するのではなくて、それぞれの相互の見方を活性化することで、自分の言説の島宇宙を超えてより包括的な見方ができるようになることが重要である、と主張する。ハーバーマスから見ると、テイラーの問題点は世界観をコミュニティから抽象化できない点にある。一方で、テイラーの方は、異なる世界観をもつ人びととの交渉が必要なとき、それが可能となる場は「中立的」なものではあっても「世俗的」なものではないと語っている。

より多くの人びとが接近できる状態を目的とする点で、ハーバーマスの世俗的翻訳の理解が一般化の方向を見せるのに対して、テイラーは、異種の言語が生のままで遭遇することによって飛躍を伴った創造的理解が誕生する場面に注目している。(24) テイラーが例として挙げるのは、ヒンドゥーの思想を背景として誕生したガンディーの非暴力のビジョンが、境界を飛び越えながら、キリスト教のインスピレーションをもつキング牧師やマンデラへと感銘を与えていくような場合である。(25)

おわりに

最後に、世俗と宗教の翻訳的関係に関するハーバーマスの議論を、カントの時代の議論に引き戻して考えてみたい。

ジュディス・バトラーの助けを借りながら要約すると、ハーバーマス流の翻訳モデルは以下のような特徴をもっている。(26) 宗教的言説を世俗の公的な言説へと翻訳する場合、それは同時に宗教を民主的な制度に適合させることを意味している。宗教は共同体と密接な関係にあり特殊性をもっているので、公共圏でしかるべき地位を確保するためには、普遍的で合理的な言語へ翻訳しなければならない。この場合に前提となっているのは、共通の言語や世俗的な理性は非宗教的で中立的な存在であり、それが諸宗教の主張を媒介するのだ、という考え方である。

カントも、基本的にはハーバーマスと類似の立場にあるといえる。カントは、実践理性によってキリスト教の意味内容を解釈するとき、ピエティズムのコンテクストを色濃く持ちながらも、基本的には理性を宗教的言説に対して中立的な存在であると考えている。しかし、よく知られているように、カントの友人ヨーハン・ゲオルク・ハーマンは、当時の啓蒙主義者たちのこうした理性観を手厳しく批判した。

『純粋理性批判』に対する批判的エッセイとして書かれた『理性の純粋主義のメタ批判』（一七八四年）では、ハーマンは理性の純粋主義を問題視している。ハーマンによると、理性の純化は、①伝承や伝統からの純化、②経験からの純化、③言語からの純化、という三段階を踏むものとされる。理性の核心に言語の存在を看取するハーマンにとって、理性の言語からの純化は大きな問題をはらんでいた。ハーマンは次のように述べている。「第三の究極のいわば経験的な純化とは、理性の唯一最初で最後の器官、またその尺度であり、伝承と慣行以外には証明をもたないところの言葉に関わるのだ」[27]。ハーマンは、ライプニッツのような、すべての自然言語を純粋化し記号論へと変換しようとする発想を激しく攻撃した。ハーマンにとって、言語から離れた思考は存在せず、言語を思考の単なる翻訳と見なすような主張は大いなる誤解にもとづくものだったのである。

ハーマンはメンデルスゾーンの『エルサレム』（一七八三年）の中にも理性の純粋主義を見出し、かなり辛辣な仕方で非難しているが、ハーマンとメンデルスゾーンは、宗教的伝統と理性が言語において結びつくものと考えている点では共通する見解をもっている[28]。しかし、メンデルスゾーンは、ハーマンのように、理性と言語を一体のもとは考えず、独特の言語批判の思想をもっていた。そのような一体性は神的言語のみにおいて可能だったのであり、人間の言語は不安定な――しかし不可欠な――媒介としての性格をもつにとどまっている。そして、この原初の一体性は失われているがゆえに、世俗と宗教は区別されることになる。

バトラーも指摘するように[29]、先に見たハーバーマスとテイラーの議論においては、理性的議論とその宗教的源泉との関係が問われていた。ある思想が、どこまで、そしてどのように宗教的源泉と関係しているのか、という問題は、宗教哲学に常につきまとう難題である。宗教的源泉に含まれる意味を共有可能な理性言語へともたらすことが翻訳であると考えるとき、翻訳は基本的に世俗的な作業となる。しかし、他方では、ベンヤミンの有名な翻訳論（「翻訳者の課題」（一九二三年））のように、個々の翻訳行為をバベルの塔が崩壊する以前の「純粋言語」を断片的に確認しようとする試みと見なすことで、翻訳自体に宗教的な営みを見出そうとする立場も存在する。

果たして理性言語はその宗教的源泉から切り離すことができるのか。翻訳はただの世俗的な媒介にとどまるのか。

こういった問いについては稿を改めてさらに論じられねばならないだろう。

註

（1）Jürgen Habermas, Ein Bewusstsein von dem, was fehlt（2008）., in *Philosophische Texte*, Bd.5., Frankfurt am Main: Suhrkamp, 2009, S. 408.

（2）本章は、二〇一四年三月二二日に開催された宗教哲学会・第六回大会のシンポジウム「脱宗教の時代における宗教的なもの」での発表原稿にもとづいている。なお、本章では、残念ながら、聖書翻訳や近代小説の多言語の翻訳等の実例にはほとんど触れることはできない。

（3）Jürgen Habermas, Die Philosophie als Platzhalter und Interpret（1983）, in *Philosophische Texte*, Bd. 5., Frankfurt am Main: Suhrkamp, 2009, S. 75.

（4）Jürgen Habermas, Motive nachmetaphysischen Denkens（1988）, in *Philosophische Texte*, Bd. 5., Frankfurt am Main: Suhrkamp, 2009, S. 182.（ユルゲン・ハーバーマス『ポスト形而上学の思想』藤澤賢一郎・忽那敬三訳、未来社、一九九〇年）.

（5）Jürgen Habermas, Motive nachmetaphysischen Denkens,op.cit., S. 202.

（6）Jürgen Habermas, *Die Zukunft der menschlichen Natur, Auf dem Weg zu einer liberalen Eugenik?*, Erweiterte Ausgabe, Frankfur am Main: Suhrkamp, 2005, S. 6（ユルゲン・ハーバーマス『人間の将来とバイオエシックス』三島憲一訳新装版、法政大学出版局、二〇一二年）.

（7）Jürgen Habermas, *Die Zukunft der menschlichen Natur, Auf dem Weg zu einer liberalen Eugenik?*, op. cit., S. 101.

（8）Michael Sandel, *The Case against Perfection, Ethics in the Ages of Genetic Engineering*, Cambridge/Massachusetts/London, England: Harvard University Press, 2007, No. 555/1092（電子書籍版）（マイケル・J・サンデル『完全な人間を目指さなくてもよい理由――遺伝子操作とエンハンスメントの倫理』林芳紀・伊吹友秀訳、ナカニシヤ出版、二〇一〇年）.

（9）Robert Spaemann. Habermas und die Natur des Menschen. in *Schritte über uns hinaus*, Stuttgart: Klett-Cotta, 2010, S. 243.

（10）Jürgen Habermas, *Die Zukunft der menschlichen Natur, Auf dem Weg zu einer liberalen Eugenik?*, op. cit., S. 125.

（11）Jürgen Habermas/Joseph Ratzinger, *Dialektik der Säkularisierung*, Frankfurt am Main: Suhrkamp, 2001, S. 32（ユルゲン・ハーバーマス、ヨーゼフ・ラッツィンガー、フロリアン・シュラー編『ポスト世俗化時代の哲学と宗教』三島憲一訳、岩波書店、二〇〇七年）.

（12）Jürgen Habermas, *Glauben und Wissen*, in: https://www.friedenspreis-des-deutschen-buchhandels.de/alle-preistraeger-seit-1950/2000-2009/juergen-habermas（ユルゲン・ハーバーマス『引き裂かれた西洋』大貫敦子・木前利秋・鈴木直・三島憲一訳、法政大学出版局、二〇〇九年）.

（13）Jürgen Habermas, Religion in der Öffentlichkeit（2005）, in *Philosophische Texte*, Bd. 4, Frankfurt am Main: Suhrkamp, 2009, S. 275（ユルゲン・ハーバーマス『自然主義と宗教の間――哲学論集』庄司信・日暮雅夫・池田成一・福山隆夫訳、法政大学出版局、二〇一四年）.

（14）ユルゲン・ハーバーマス「『ポスト世俗化』社会の意味するところ」『ああ、ヨーロッパ』三島憲一・鈴木直・大貫敦子訳、岩波書店、二〇一〇年、一二八―一二九頁。原著には収録されていない論文が邦訳の時点で追加されたもの。二〇〇七年のオランダでの講演原稿。

（15）Jürgen Habermas, Religion in der Öffentlichkeit, op. cit., S. 36.

（16）Jürgen Habermas, Ein Bewusstsein von dem, was fehlt, op. cit., S. 410.

（17）ハーバーマスは、軸の時代に倫理の誕生を見ており、これ以前のアルカイックな時代へ遡ろうとする哲学者たちをニーチェ主義者として批判している。

（18）ユルゲン・ハーバーマス「『ポスト世俗化』社会の意味するところ」、前掲書、一二六頁。

（19）Jürgen Habermas, *Die Grenze zwischen Glauben und Wissen*（2005）, Frankfurt/M.: Suhrkamp, in: Philosophische Texte, Bd. 5, Frankfurt am Main.: Suhrkamp, 2009, S. 384-385.

（20）Mandieta, E. and Vanantwerpen. J.（eds.）. *The Power of Religion in the Public Sphere*, New York: Columbia University Press, 2011, pp. 61-62（エドゥアルト・メンディエッタ、ジョナサン・ヴァンアントワーペン編『公共圏に挑戦する宗教――ポスト世俗化時代における共棲のために』箱田徹・金城美幸訳、岩波書店、二〇一四年）.

（21）Ibid,. pp. 62–63.

（22）カントの「天上の星空と我が内なる道徳法則」という表現や道徳法則への尊敬の感情の背景にある、ある種の体験のことを指す。

（23）Mandieta. E. and Vanantwerpen. J.（eds.）, op. cit., p. 64.

（24）アサドは、政治言語の中立性に向かうハーバーマスの理性的言語観は、身体性にもとづく特定の生き方を表出するものとしての言語理解において不十分なところがあると指摘している。Talal Asad, *Secular Translations: Nation-State, Modern Self, Calculate Reason*, New York: Columbia University Press, 2018（タラル・アサド『リベラル国家と宗教――世俗主義と翻訳について』苅田真司訳、人文書院、二〇二一年）.

（25）Mandieta. E. and Vanantwerpen. J.（eds.）, op. cit., pp. 116–117.

（26）Judith Butler, *Parting Ways, Jewishness and the Critique of Zionism*, New York: Columbia University Press, 2012, pp. 13–14（ジュディス・バトラー『分かれ道――ユダヤ性とシオニズム批判』大橋洋一・岸まどか訳、青土社、二〇一九年）.

（27）Johann Georg Hamann/Metakritik über den Purismus der Vernunft/in: *Sämtliche Werke* III, hrsg. von Josef Nadler, Wien: Thomas-Morus-Presse im Verlag Herder, 1949, S. 284（ハーマン『北方の博士・ハーマン著作選　上』川中子義勝訳、沖積舎、二〇〇二年）.

（28）Grit Schorch, *Moses Mendelssohns Sprachpolitik*, Berlin/Boston: DeGruyter, 2013, S. 244.

（29）Judith Butler, op. cit., p. 7.

第一〇章　グローバル化時代における寛容

一　今日の寛容をめぐる問題状況

グローバル化の時代においては、多様な文化や価値観をもった人びとのあいだに共存のための枠組みを作り出す必要性が高まっている。現代は、自分とは異なる考えや生活様式をもつ人びとへの耐性や寛容がつねに試されている時代である。その意味で、寛容は現代においても重要な思想的課題であり続けている。

現代の寛容をめぐる議論は、近代ヨーロッパの啓蒙思想において形成された宗教的寛容論に由来する。今日のヨーロッパ世界でも、寛容論のなかで宗教が占める位置は決して小さいものではない。現代のヨーロッパでは、イスラーム世界からの移民の人びととの共生の問題を機縁として、西欧の近代市民社会と宗教的寛容の関係に改めて注目が集まっている。元来、ヨーロッパにおける宗教的寛容の問題は、キリスト教以外の信仰をもつの人びとのヨーロッパ社会への同化と密接な関係をもっていた。一七—一八世紀の宗教的寛容論では、当初は、キリスト教内部のさまざまな宗派間の相互寛容が問題となっていたが、次第に、キリスト教以外の宗教を信じる人びと（近代においてはユダヤ教徒、現代ではムスリム）や無神論者にも寛容の及ぶ範囲が拡大されていった。

近代ヨーロッパにおいて宗教的少数派の人びとの同化を可能にしたのは、同じ人間であるかぎりにおいてすべての人に平等な権利を付与すべきであるとする普遍主義の主張である。ここで問題になるのは、ヨーロッパ社会への同化の背景となっている普遍主義の主張は、本当に公平無私な普遍性であったのか、という点である。その点では、近代ヨーロッパにおけるユダヤ人の同化問題は、普遍主義と相対主義の関係を問い直そうとする場合の重要なモデルケースとなっている。つまり、一方で、普遍的理性や人間性によって代表される普遍主義の思想は、ユダヤ人が平等な市民権を獲得する際の強力な後ろ盾となったが、しかし他方で、ユダヤ人たちは、市民権の獲得の見返りとして、しばしば自分たちの宗教的な生活様式の変更や撤廃を迫られることになった。近代ヨーロッパ社会への適応とユダヤ教の伝統の維持を両立させることは、近代のユダヤ人たちの重い課題となったのである。

一八世紀後半の少なからぬ進歩主義的な人びとのあいだでは、ユダヤ教徒たちは後進的な集団として理解されていた。こうした進歩主義的な人びとは、ユダヤ教徒が近代国家の市民となるためには、何よりも彼らがその宗教共同体から独立することが必要であると主張した。この場合、普遍主義の理念は、個人としてのユダヤ人には政治的解放をもたらしたが、同時にユダヤ人の宗教的な生活共同体を解体するものでもあったのである。たとえば、フランス革命の理念にもとづいてユダヤ人の権利のために尽力したクレルモントネール伯爵は、当時、次のような有名な言葉を残している。「ユダヤ人には国家としてはすべてを拒否しなければならず、個人としてはすべてを与えなければならない。ユダヤ人は国家内にいかなる政治団体も宗教団体もつくってはならない。彼らは個人個人で市民たるべきである(1)」。

本章では、寛容について考えるための一つの手がかりとして、普遍主義と相対主義という対立軸を提示したい。普遍主義と相対主義の関係をめぐる問いは、現代において、ますます重要な問題になってきている。全世界的な規模で資本と労働者が移動するグローバル化の時代においては、私たちは、好むと好まざるとにかかわらず、異なる文化をもつ人びとと共生していかなければならない。異なる文化が遭遇する場合には、次のような二つの極端な反応が生じることが予想される。極端な普遍主義者は、彼がもし多数派の側に属する場合には、普遍主義の名のもとに（たとえばグローバルスタンダードという名のもとに）意識的であれ無意識的であれ、別の考えをもっている少数派を抑圧してしまうかもしれない。他方で、極端な相対主義者は、相対主義の名のもとに（たとえばアイデンティティー・ポリティックスという名のもとに）彼が所属するグループを外界に対して閉ざしてしまうかもしれない。筆者は、極端な普遍主義も極端な相対主義も誤りであり、両者の二項対立は媒介されなければならないと考える。

この章では、こうしたグローバル化時代の寛容論の行く末を見定めるためのヒントを、啓蒙主義時代の宗教的寛容論の中に探してみたい(2)。特にここで取り上げるのは、レッシングやメンデルスゾーンの寛容思想である。レッシングやメンデルスゾーンは、当時において、普遍主義と相対主義のあいだのバランスを取ることに力を尽くした人物であった。レッシングは、普遍主義者的な啓蒙主義者であると同時に、つねに相対的な論争状況のなかで発言を選ぶ文芸批評家でもあった。同様にメンデルスゾーンも、ユダヤ教の近代的解釈を行なう場合に、普遍主義と相対主義のバランスを取ろうとした。

二　啓蒙主義の宗教的寛容論

一八世紀ドイツの啓蒙主義を代表する文人レッシングは、無名のユダヤ人の青年であったメンデルスゾーンをドイツの文芸界へと導いた人物であり、レッシングとメンデルスゾーンのあいだには生涯に渡る友情があった。レッシングは、若き日の習作である戯曲『ユダヤ人』から『賢者ナータン』にいたるまで、一貫して普遍的人間性の立場を強調した。ここにはレッシングの普遍主義者としての立場が如実に現れている。

戯曲『ユダヤ人』は、レッシングがメンデルスゾーンに出会う以前に書かれた作品である。そこでのユダヤ人のモデルは、レッシングとメンデルスゾーンの共通の知人であったユダヤ人の知識人アーロン・グンペルツであるとされる。『ユダヤ人』の粗筋は以下の通りである。ある男爵が、道中、ユダヤ人を装った追いはぎに襲われる。その時、男爵は間一髪でお供の者を連れた旅人に救われる。話が進むにつれて、追いはぎたちは実際にはユダヤ人ではなく、男爵の執事や領地の村長が犯人であることが明らかになる。劇の最後には、男爵を救い出してくれた旅人こそがユダヤ人であり、男爵はみずからの偏見に深く恥じ入ることになる。この劇作品はゲッティンゲン大学教授のミヒャエリスによって批判されることになった。ミヒャエリスは、劇中に登場するような道徳的なユダヤ人は現実には存在しないし、レッシングは普遍的人間性を理想化しすぎているとしたのである。しかし、レッシングは等身大のユダヤ人を直視せずにいたずらに理想的人間像だけを語っていたわけではない。レッシングは、劇中で旅人に次のように語らせている。

私はすべての民族に対して一般的判断を下すことにはなじめません。どんな民族のあいだに人もいれば悪人もいると思います。ユダヤ人のあいだにも（LM I, 385）。

つづいて『賢者ナータン』での主張を見ていこう。従来、この作品の主人公であるユダヤ人の商人ナータンについてはメンデルスゾーンがモデルではないかとの指摘が行なわれてきた。劇中において、ナータンは、ユダヤ教徒の自分の娘を救ってくれたキリスト教徒の神殿騎士に対して次のように語りかけている。

キリスト教徒やユダヤ教徒とは申しますが、私たちは人間である以前に、ユダヤ教徒やキリスト教徒であったりするのでしょうか。ああ、人間でさえあれば十分であるという考えの持ち主の一人があなた〔神殿騎士〕であったということは、とても嬉しいことでございます（LM III, 63）。

このような普遍的人間性の強調は、レッシングの普遍主義者としての姿を典型的な仕方で示すものといえる。しかし、彼のヒューマニズムを、人びとのあいだの差異を否定してしまうような人間本性に関す月並みな理論と混同してはならない。この点についてはすでにハンナ・アーレントが指摘した通りである。(3) アーレントは『暗い時代の人間性について』において、自然的感情としての同情、共通感覚、兄弟愛といったものによって「人間性」をとらえようとしたルソー的な立場を批判し、友人のあいだの関係においてのみ形成される「あいだの空間（Zwischenraum）」を重視したレッシングの立場を高く評価した。アーレントによると、後者の立場のみが、「同じ人間なのだから」という言い方によって個々人の差異を否定してしまうことのない、真に人間的な世界を誕生させることができるのである。

レッシングは決して極端な意味での普遍主義者ではなかった。それゆえ、私たちは、レッシングの相対主義者としての側面にも注目しなければならない。レッシングの相対主義者としての一面は、彼の批評家としての活動のうちに現れている。この点については、レッシングの友人であったフリードリヒ・ニコライが語ったレッシング評が参考になる。

　レッシングは、ベルリンに滞在しているあいだ、しばしば私たちの哲学議論に参加した。彼がいると、その議論は一層の盛り上がりを見せた。というのも、彼は議論をする時には、弱い方に味方するか、あるいは誰かが賛成論を展開すると、ただちに独特の鋭い調子でそれに反論を加えたからである。……しかし、レッシングがこのようなやり方をしたのは、ただ反論するのが好きだったからではなくて、それによって概念をより明瞭にさせようとする意図があったからなのだ(4)。

物事を多面的に見ようとするレッシングの批評精神のうちには、彼の相対主義者としての思想を読み取ることができる。この場合、相対主義は、極端な普遍主義を批判するために存在する。レッシングの批評精神は、たんなる諧謔主義に尽きるものではなく、つねに普遍主義との緊張関係のなかにあったのである。

次に注目したいのは、レッシングが『賢者ナータン』のなかで強調する宗教的真理の相対主義である。『賢者ナータン』の劇中では、ナータンは、「ユダヤ教、イスラーム、キリスト教のうち、どの宗教が真実の宗教なのか」というサラディンからの問いかけに正面から答えることを避けている。そのときにナータンが語るのが有名な指輪の寓話なのである。それは次のようなものである。この場合、指輪は選ばれた者であることの象徴である。昔、東の国に不思議な力をもつ指輪があり、その指輪の力を信じる者を神と人とに好まれる人物とした。その指輪は、父親から彼の最愛の息子へと譲られるのが決まりとなっていた。長い歴史のなかで、指輪の持ち主は、三人の息子をもつ父親の代へと移った。父親にとって三人の息子たちは等しく愛しい大切な存在であった。父親は、息子たちの期待を裏切らないように、美しさではまったく区別のつかない二つの指輪を作らせ、臨終の際に息子たちを別々に呼び寄せて指輪を遺贈した。父親が死んだ後、それぞれの息子は、自分の指輪をもってきて、自分こそが一家の長であると言い張ったが、どれが本物の指輪であるかを判定することはできなかった。裁判で争いの決着をつけなければならなくなったとき、裁判官はどの指輪が本物であるかについては決定せず、息子たちに対して別の基準を提示する。それは、指輪にはその持ち主を好ましい人物とする力があるのだから、指輪の効果としての道徳的行為こそが指輪の持ち主を決定する基準とならねばならない、というものである。この場合、三つの指輪は三つの宗教（ユダヤ教、イスラーム、キリスト教）の象徴である。もはや三つの指輪のうち、どれが真実の指輪であるのかを証明することはできないし、それは問題ではない。重要なことは、指輪が真実であるかどうかについて争うことではなくて、真実の指輪をもつ人物にふさわしい行為をすることなのである。したがって皮肉なことに、指輪の真贋について三人が醜い仕方で争えば争うほど、彼らは指輪の所有者としての資格を失うことになるのである。

唯一の真理の所有者であるという自負がもたらす驕りに対して、真理の相対主義はいわばブレーキの役割を果たしている。自分の指輪が唯一の本物であるという絶対的な確信がもてないことが、かえって人びとを謙虚にし、本物の指輪の所有者にふさわしい人物となるための道徳的な行為へと誘うのである。レッシングは、普遍主義が自分の立場を他人に強要する全体主義となってしまう危険性を、相対主義の主張によって回避しようとした。社会学者のウルリヒ・ベックも指摘するように、(5) レッシングは、相対主義と普遍主義の二者択一を超えたところを問題にしようとしたのである。したがって、レッシングは極端な相対主義者でもなかった。彼は、真理を相対化することで、真理そのものを否定したのではなくて、真理を所有することに伴う高慢がもたらす独断主義を批判したのである。

ところで、普遍主義と相対主義をどのようにして媒介するのかという問題は、彼の親友メンデルスゾーンにも共有された課題であった。一方でメンデルスゾーンは、その啓蒙主義活動を通して、人間性についての普遍主義な理念にもとづいて、市民的地位における平等やユダヤ教徒の同胞たちの解放を求め続けた。そのために、彼は、ユダヤ人社会内部の教育改革に着手し、ユダヤ人のヨーロッパへの文化的・社会的同化を推し進めた。他方でメンデルスゾーンは、ユダヤ人のアイデンティティーを確保することにも尽力した。『エルサレム』の第二部では、メンデルスゾーンはユダヤ教を近代的な仕方で解釈した。その際に、彼は、ユダヤ教において、すべての人間が理性によって承認することができる普遍的要素と啓示に由来する特殊にユダヤ的な要素の双方を正当化しようとした。特に、ユダヤ人の解放にとって障壁となるように思われていた儀礼法（儀礼に関する律法）への理解を得ようとした。このように、メンデルスゾーンは、一方では、啓蒙主義の普遍主義の思想に共鳴しつつ、他方では、ユダヤ教の相対主義的立場（特殊性）を守ろうとした。

付言するなら、宗教史においては、普遍主義と相対主義の関係は、キリスト教とユダヤ教の存在性格に対応させられてきたテーマであった。キリスト教の普遍主義とは対照的に、ユダヤ教は、ある種の相対主義にこだわり続けてきた宗教である（もちろん、ユダヤ教も、全人類の祖先であるアダムを出発点とし、最終的には全人類の普遍的救済を目標としている以上、普遍主義を放棄してはいない）。このようなユダヤ教の相対主義の立場から私たちが学ぶものがあるとすれば、それは、キリスト教が主張するような意味での普遍主義は本当の意味での普遍性なのか、という問いかけではないだろうか（何がマジョリティの宗教であるかは地域によって異なっており、この場合は欧米の文脈が前提になっている）。これは、あらゆる時代のユダヤ思想家に通底する問題意識であったといえる。レヴィナスの全体性批判の思想も、広い意味では、このような文脈のなかに位置しているといえるだろう。ドイツのユダヤ思想史研究で知られるウィリー・ゲッチェルによれば、ユダヤ哲学とは、「普遍的」とされる哲学との対話を行なう相関概念なのであり、普遍主義に対してたんに同化を拒むのではなくて、普遍主義が覇権主義の傾向を示し出したときにそれを批判する形で、そこに創造的な矛盾を持ち込むのである。沈黙させられそうになるマイノリティの声を取り戻すだけでなく、普遍主義がその軌道から脱線しそうになったときに牽制し均衡を保つ役割を担っているのである。(6)

三　レッシングから現代の寛容論へ

レッシングの思想に関しては、多様な解釈が存在する。普遍的人間性を強調するレッシングはモダニストであるが、批評家として相対主義の立場を語るレッシングはポストモダニストであるといえる。二〇世紀後半以降の解釈には、レッシングをポストモダニストの文脈で読解しようとする人びとが少なくなかった。前節でも少し言及したように、アーレントが『暗い時代の人間性』のなかですでにそうした解釈を表明しており、社会学者のウルリッヒ・ベックはそのような立場からのレッシング論を展開している。

ベックは、グローバル化時代の文化の相互批判のあり方について言及した際に、レッシングを「コンテクスト的普遍主義」の思想家として理解しようとした。(7) ベックにとって、「コンテクスト的普遍主義」とは、極端な普遍主義と極端な相対主義の双方を否定媒介したうえに成立する立場のことを指している。この場合、「コンテクスト」は「相対主義」と同義である。

普遍主義や相対主義にはそれぞれ長所と短所が存在する。一方で、「普遍主義には、自分自身の立場を他人に強要するという短所があるが、他人を迎え入れまじめに受け取るという長所もある」。他方で、相対主義やコンテクスト主義には、相互の立場を理解しえないものとして分断してしまう短所があるが、「異なる文化間の差異に対する敬意の念を研ぎ澄まし、視点の転換を魅力に満ちた必要なものにする」長所も存在する。(8) このようにベックは、普遍主義にしろ、相対主義やコンテクスト主義にしろ、どちらかの立場だけが極端な形で全面化することを批判した。普遍主義と相対主義が、相互に二者択一的に排除し合うのではなくて、区別を保ちながらも包含しあうような関係を、ベックは「コンテクスト的普遍主義」のうちに見出そうとした。

普遍主義と相対主義の関係について、ベックは、以下のような四つの組み合わせを提示している。「普遍主義的普遍主義（universalistischer Universalismus）」「普遍主義的コンテクスト主義（universalistischer Kontextualismus）」「コンテクスト的普遍主義（kontextueller Universalismus）」「コンテクスト的コンテクスト主義（kontextueller Kontextualismus）」の四つである。第三の立場と第四の立場はほぼ同じ意味なので、ここでは最初の三つの立場について概説しよう。

ベックは、最初の二つの立場には、ともに全面化の傾向があることを指摘する。まず「普遍主義的普遍主義」とは、いっさいのコンテクストを許容せずみずからの立場を全面化する立場のことを指している。この立場の場合には、じつは特殊にすぎない立場を全面化してしまうという危険性が存在する。ベックは、その例として、「実際には男性、より正確に言うと高い教養層に属する白人男性を念頭においているにもかかわらず、人間一般について全面化する」[9]古い啓蒙主義の立場を挙げている。

これとは反対に、「普遍主義的コンテクスト主義」とは、コンテクストの方を全面化する立場のことを指している。この立場の場合は、すべてのコンテクストが許容されてしまう以上、たとえば、侵略者には侵略者の立場があり、被害者には被害者の立場があることになる。つまり、すべては相対的であって、しかも、それぞれの立場は通約不可能であることになるのである。ベックによると、このような「普遍主義的コンテクスト主義」の立場は、不干渉を上品な言葉で表しているにすぎない。この立場では、各人は、お互いに不干渉であることによって、閉ざされた平和を享受する。しかし、ここではどんな対話も不可能であり、互いに視点を転換していくことも不可能になる。

対話が不可能であるという理由から外界への通路を遮断してしまう「普遍主義的コンテクスト主義」の立場とは対照的に、「コンテクスト的普遍主義」は、接触や干渉を避けることは不可能だという逆の事情から出発する。ベックが高く評価するのはこの「コンテクスト的普遍主義」の立場である。ベックによると、通約不可能性の立場に対する別の選択肢は、対話にもとづいて完全な相互理解が成立することのうちにではなくて、グローバルな状況では分断なき世界など存在しないという事実を直視することのうちに見出されなければならない。たとえ相互理解が成立しなかったとしても、異なる立場との接触や相互の干渉を避けることはできないという事実から目を逸らしてはならないのである。

このように「普遍主義的コンテクスト主義」と「コンテクスト的普遍主義」の違いは、前者の立場が最初から対話を放棄しているのに対して、後者の立場は、対話を試みるという不可欠の経験を遂行しようとしている点にある。前者の立場は、実際にテストをする前から、視点や論拠の交換には意味がないと決め付けているのである。

ベックは、「コンテクスト的普遍主義」によって、コンテクスト的なものを「普遍主義」のなかへと統合しようとする立場のことを意味する。「コンテクスト的普遍主義」は、みずからの主張こそが普遍的であるとして押し通そうとするのでもなく、それぞれの立場を相対的状態に放置しておくのでもない第三の立場を探求する。「コンテクスト的普遍主義」は、コンテクストを重視することによって普遍主義を捨ててしまうのではなくて、それぞれのコンテクストのなかで普遍主義を練り上げていこうとする。他者の普遍主義とわたしの普遍主義のあいだに建設的な相互批判の可能性を見ようとするのである。

「コンテクスト的普遍主義」の具体例としてベックは、人権の概念を提示する。人権はきわめて普遍主義的な含意をもった概念である。たとえば、人権についていっさいのコンテクストを認めず、人権が守られていないという理由から他国を批判するのは、ある意味ではたやすいことである。しかし、このような立場は、ややもすると、西欧の人権概念の普遍主義的全面化に帰着してしまう。したがって、人権を実現するにしても、その置かれたコンテクストを無視することはできない。地域ごとに人権に対する多様な取り組み（いわゆる地域的人権条約など）が存在していることからもわかるように、実際には人権に関しても多様な見解が存在する。たとえば、人権に関するアフリカ憲章は、アフリカの考え方というものを反映している。しかし、人権に関してさまざまな構想をもったからといって、すべての人間に同等の権利を付与するという普遍主義の理念が捨てられるわけではない。ベックは、人権に関するわたしの見解が、人権に関する他者の見解との格闘のなかで練り上げられていく方向性を探ろうとしたのである。

ベックの議論を受ける形で、人権に関する実際の議論についてもう少し考えてみたい。すでに指摘したように、人権は普遍性を要求する概念であるが、その内容に具体的に何が含まれるのかという点については、人生における善きものの総称として人権を広く定義する立場から、最小限の内容にとどめて人権を狭く定義しようとする立場まで、さまざまな見解が存在する。

人権を狭く定義しようとする立場の代表例としては、マイケル・イグナティエフの「人権ミニマリズム」を挙げることができる。イグナティエフは、人権に関する幅広い合意を取り付けるために、人権をミニマムに定式化し、あえて最小限の要求だけに絞ろうとした。人権に関する最低限の内容としてイグナティエフが主張するのは、人間の主体的行為能力である。人権の目的は、主体的行為者としての人間を虐待、暴力、拷問から守ることにある。イグナティエフの理解では、人権の中心にあるのは、干渉を受けない自由、すなわち消極的自由である。イグナティエフは、主体的行為が可能になるための条件（他者による危害や干渉からの自由）を整えることを最優先とし、行為内容にかかわる問題は狭義の人権概念から除外した。というのも、どのような行為内容が望ましいのかについては、望ましい人生についての各人の意見が多様であるため、意見の一致を見ることがきわめて困難になるからである。

一方で、このようなミニマリズムの議論に対しては、エイミー・ガットマンが、イグナティエフは人権を狭く取りすぎているという反論を行なっている[10]。ガットマンは、人間の主体的行為能力を保護するためには、消極的自由だけでは不十分であると主張した。たしかに暴力にさらされている人は主体的行為能力を剥奪されている。しかし、その点では、飢餓や貧困のなかにある人も同様である。主体的行為を可能にするためには、人権を消極的自由のみに限定せず、人権のなかに生存の権利や福祉の権利も含める必要があるのだ。

その他にもガットマンは、人権をめぐる議論では、自分と考えの違う人びとをたんに放任するだけでなく、一緒に建設的な議論ができる主体的行為者として彼らを尊敬し、彼らと積極的に議論することが必要になることを指摘している。すなわち、消極的自由の主張する「お互いに干渉をしない人間関係」以上のものが要請されることになるのである。

四　形式的寛容と内容的寛容

寛容について考えるための枠組みとしては、「普遍主義」と「相対主義」の他にも、「形式的」と「内容的」という区別も考えられる。最後に、この点について、二〇世紀を代表する宗教学者のグスタフ・メンシングの寛容論から考えてみたい。

メンシングの寛容論は、彼が若き日にリガにいた頃の論考に原型がある。その後、寛容論は、一九五五年に出版した『宗教における寛容と真理』や各種の論考で精力的に展開されることになった。リガ時代の論考「忍耐」では、寛容としての忍耐が無関心で非関与的態度とは異なることを述べている。寛容とは、異なる宗教のうちに、現実的な精神を知覚し尊敬することなのである。(11)

以下、メンシングの寛容論の概要を説明しよう。メンシングは、自身の寛容論を、諸宗教相互の関係性についての学問的呈示であると考えている。メンシングは寛容について四つの形態の類型論を提示している。それは、形式的寛容（formale Toleranz）、形式的不寛容（formale Intoleranz）、内容的寛容（inhaltliche Toleranz）、内容的不寛容（inhaltliche Intoleranz）の四つである。(12) もちろん、メンシングは、これらの類型が歴史的研究の後で見出されたものであることを強調している。形式的寛容・不寛容から見ていこう。形式的寛容とは、他者の宗教的確信に干渉しないようにしておくものである。その典型例は、諸宗教の共存している国家において、信仰の自由が確保される場合である。その場合、異なる宗教が許容されるのは、国家であれ教会であれ、その組織の統一性を揺るがさない限りにおいてであるという条件がついている。この点では、形式的寛容は容易に形式的不寛容へと変質する危険性をもっている。形式的寛容は、他者の宗教的確信に干渉しないだけの段階にとどまっているが、形式的不寛容になると、組織の統一性を維持するために神聖なる組織機構に他者を従属させようとすることになる。メンシングは、ウェストファリア条約については、一方で信仰の自由を保障しつつも、他方ではすべての宗教団体が保証の範囲に含まれたわけではないことから、形式的寛容が形式的不寛容へと変質した具体例であると考えている。さらには、ソクラテスをめぐる不敬裁判についても形式的不寛容の一例として言及している。

次に、内容的寛容・不寛容について紹介する。内容的寛容とは、異なる宗教を聖なるものと遭遇の真正な経験として積極的に承認する立場のことを意味する。メンシングが評価するのは、形式的寛容よりも、この内容的寛容の方である。メンシングは、内容的寛容について、神秘主義の場合と啓蒙思想の場合を区別している。前者は、生来の開放的な宗教性により、自らの宗教性を発露させることが、そのまま他宗教への寛容につながっていく場合である。この事例として、メンシングが考えているのは、インドやキリスト数に見られる神秘主義の思想である。こうした生得的宗教性と異なるのは啓蒙思想の場合であり、他者の宗教に対する自己中心的判断を指し止めて、他者のうちに類似の精神を認識していこうと努力するのである。この場合、寛容は「忍耐」とも言い換えることができる。さて、内容的不寛容とは、異なる宗教的確信を非真理であり拒否すべきものと見なす立場のことを意味しており、この立場がエスカレートすると、異なる宗数に対して闘いを挑んだり追放したりすることになる。こうした歴史的事例は枚挙に暇がないが、異端審問はその典型であるとされる。

さらに、メンシングは寛容について、内的寛容、内的不寛容、外的寛容、外的不寛容を区別する。内的寛容・不寛容とは、自らの内なる宗教に対する寛容・不寛容を意味する。異端や非正統派とどのような関係をとり結ぶかという問題である。外的寛容・不寛容とは、別の宗教に対する寛容・不寛容のことを意味する。また、メンシングは、どんな主体が寛容・不寛容の担い手になるか、という点からも考察を行なっている。それは個人であることもあれば、集団組織であることもある。集団組織の場合は、集団組織の統一性を維持するために個人に要求を課してくることになる。メンシングは、比較宗教学こそが、宗教的観念の形成法則の解明や宗教間の広い構造的類似性の研究を通して、諸宗教の寛容を促進するものと考えている。メンシングによれば、宗教学は他宗教に対する伝統的偏見を修正する役割をもっている。宗教学にもとづく寛容の立場は、強制的な仕方で他宗教への攻撃を抑制するのでもなく、他宗教に無関心の態度を取るのでもなく、深い意味で、それぞれの歴史宗教において聖なるものが息づいていることを承認するのである。

以上のメンシングの議論から、その現代的意義について考えてみたい。メンシングの寛容論では形式と内容を区別するが、これは、狭義の宗教的寛容論を超えて、広く寛容一般の問題を考える場合の基本的枠組みを提示している。形式的寛容は、ジョン・スチュアート・ミルが主張した有名な「他者危害原則」に相当するものといえる。寛容においては、まずは相手の価値観に賛同できなかったとしても、それに干渉しないことが重要であろう。しかし、そこにとどまっていては、相手への理解はいつまでたっても進展しない。ここにきて、相手の価値観自体を積極的に承認する内容上での寛容が要求されることになる。メンシングは内容と形式の双方がそろった寛容を理想としているが、しかし実際には、寛容は形式と内容の間のどこかに位置するのが現実の形態といえるかもしれない。またメンシングが主張する内と外への寛容という対立項も重要である。国内や域内では民主的な対応をとっていても、国外や域外の対象に対しては必ずしもその対応が貫徹されないケースは、すぐに思いつくところであろう。さらに言えば、寛容とは、内と外の線引きが行なわれるところで問題となる課題なのである。

註

（1）Julius H. Schoeps, *Die mißglückte Emanzipation. Wege und Irrwege deutsch-judischer Geschichte*, Berlin: Philo, 2002, S. 23.

（2）本章の最初のアイディアは、二〇〇五年三月に開催された日独コロキウム「日本におけるドイツ二〇〇五／二〇〇六、日独哲学シンポジウム・大阪プログラム、後援：アレキサンダー・フンボルト財団」での発表原稿にある。末尾の議論は二〇一九年の日本宗教学会第七七回学術大会での研究発表原稿にもとづいている。

（3）Vgl. Hannah Arendt, *Menschen in finsteren Zeiten*, München: Pieper, 1989（ハンナ・アレント『暗い時代の人々』阿部齊訳、筑摩書房、二〇〇五年）.

（4）Richard Daunicht, *Lessing im Gespräch. Berichte und Urteile von Freunden und Zeitgenossen*, München: Fink, 1971, S. 72.

（5）Ulrich Beck, *Was ist Globalisierung? Irrtümer des Globalismus. Antworten auf Globalisierung*, Frankfurt am Main: Suhrkamp, 1997, S. 139–141（ウルリッヒ・ベック『グローバル化の社会学　グローバリズムの誤謬――グローバル化への応答』木前利秋・中村健吾訳、国文社、二〇〇五年）.

（6）Willi Goetschel, *The Discipline of Philosophy and the Invention of Modern Jewish Thought*, New York: Fordham University Press, 2013, p. 6.

（7）Beck, op. cit., S. 141–149.

（8）Ibid., S. 142.

（9）Ibid., S. 143.

（10）エイミー・ガットマン「序」、マイケル・イグナティエフ『人権の政治学』エイミー・ガットマン編、添谷育志・金田耕一訳、風行社、二〇〇六年、一三一頁参照。

（11）Gustav Mensching, Duldsamkeit, in hrsg. v. Hamid Reza Yousefi, *Aufsätze und vorträge zur Toleranz und Wahrheitskonzeption*, Bausteine zur Mensching-Forschung Bd. 2, Würzburg: Königshausen & Neumann, 2002.

（12）Gustav Mensching, Toleranz, eine Form der Auseinandersetzung der Religionen, in op. cit.

第一一章　現代寛容論とメンデルスゾーン

はじめに

啓蒙思想の普遍主義は、本来、多様な人びとを包摂する方向性をもつはずである。しかし、時に、啓蒙の普遍的価値を共有しないと判断された人びとを排除する現象が見られることがあった。異なる文化をもつ人びとを、対等な対話相手として受け止めるのではなくて、何らかの欠陥を抱えたものとして見下したのである。本来求められるべきは、多様性を排除する均質で画一的な普遍性ではなく、違いを違いとして受けとめる新しい普遍性の構築であるわけだが、その実現は容易ではなかったのである。

本章では、この問題をメンデルスゾーンが直面した論争状況の中から剔抉し、現代寛容論の観点から考察することを試みたい。

一　啓蒙主義における包摂と排除

二一世紀に入ってから、ヨーロッパでは、イスラーム教徒の女性の公教育におけるヒジャーブやアバヤの着用や、ムハンマドの風刺画掲載などをめぐって、近代ヨーロッパの市民社会が生みだした宗教的寛容の問題が衆目を集めてきた。ヨーロッパにおける宗教的寛容の問題は、元来、移民や宗教的マイノリティの人びとのヨーロッパ社会への同化問題と表裏一体をなしてきた。現在のヨーロッパにおける宗教的寛容の議論の中心的対象はイスラーム教徒であるが、少なくとも第二次世界大戦までは、その対象はユダヤ教徒であった。

宗教的寛容の思想を一言で言い表すなら、〈異なる宗教をもつ人びとを、彼らの宗教を理由として排除追放してはならない〉というメッセージに凝縮することができるだろう。このようなメッセージの背景には、宗教の内容についてはもはや論争の対象とはしないという主張が存在する。しかし、それにもかかわらず、寛容されるべき対象の範囲を具体的に設定しようとする場合には、宗教文化の内容が重要な意味を帯びる場面が現在でも存在している。

たとえば、近年のＥＵの移民問題をめぐる研究においては、移民を排除しようとする人びとの間で、かつてのような人種主義的・民族主義的な排外主義ではなくて、いわば「啓蒙主義的排外主義」と呼びうる傾向性が見られることが指摘されている。つまり、近年の移民反対論者たちは、西欧のリベラルな価値観を前提にした上で、それゆえにリベラルな価値観を受容しない人びと（男女の平等、政教分離、表現の自由を理解しようとしないイスラーム教徒たち）を排除しようとするのである。この場合、宗教的寛容の限界は、ＥＵ市民にふさわしい条件を備えているかどうかという点に設定されることになる。

「啓蒙主義的排外主義」という言葉は、オランダ現代政治が専門の水島治郎の発案によるものである。[1] 水島は、九〇年代後半から目立つようになってきた新右翼によるイスラーム移民に向けられた排外主義的傾向を、この言葉によって性格づけたのであり、その後の研究でも継続的にこの問題に注目してきた。

今から十数年前にさかのぼることになるが、二〇〇〇年代初頭に、水島は、伝統的に寛容な多文化主義的政策をとってきたオランダにおいて、それまではタブーであった移民批判を公然と行なう新右翼政党が急速に勢力を伸ばしている現象に注目した。この新右翼政党の名前はフォルタイン党であり、ピム・フォルタインという人物が立ち上げた政党であった。彼は、最初は大学の社会学研究者としてキャリアを出発させた人物であり、多彩な評論活動や率直な言動で名を知られた存在であった。フォルタインの政党は、そのイスラーム批判の論法において、従来の極右政党とはきわめて異なる手法を取った。フォルタインはイスラームに対してきわめて厳しい論調を展開したが、そのときに、彼は、人種主義的・民族主義的な理由からイスラームを批判するのではなくて、西欧の啓蒙主義に由来するリベラルな価値観を根拠にして、リベラルな価値観を受容しないがゆえにイスラーム教を遅れた宗教として批判するという論法を用いたのである。水島によると、フォルタインは妊娠中絶を行なう女性の自己決定権や同性愛者の権利の擁護にとどまらず、安楽死や麻薬も容認する立場に立っており、リバタリアンに近い主張の持ち主であった。フォルタインは、リベラルかつリバタリアンな価値を認めた上で、しかもその価値観を逆手に取る形で「遅れた宗教」を批判し、移民を排撃する方法を採用したのである。水島は、このようなフォルタインの政治運動を「脱産業化した先進国における新しい形の新右翼、いわば『ポストモダンの新右翼』と呼べるかもしれない」と述べている[2]。

フォルタイン党は、総選挙直前にフォルタインが暗殺されるという衝撃的事件があったにもかかわらず（あるいは、あったために）、二〇〇二年五月の総選挙では第二党に躍進し、連立与党入りに成功した。フォルタイン党は実質的にはフォルタインの個人政党であったために、フォルタイン亡き後は、度重なる内部抗争の結果、急速に勢力を縮小させた。しかし、寛容政策を主としてきたオランダにおいて、ポピュリストの政党が力をもち、移民を公然と批判できるような状況を成立させたことのインパクトは大きかった。

その後、水島は、『反転する福祉国家――オランダモデルの光と影』（二〇一二年）では、現代オランダ政治に見られる、先進的な福祉国家としての包摂の側面と移民排斥に向かう排除の側面の絡み合いについて分析を行なった[3]。福祉国家としてのオランダは、女性・高齢者・障碍者も含めて、全員が何らかの形で経済活動に従事する参加型の社会を促進させながら、その一方で、移民や外国人の排除を急速に進展させることになった。二一世紀に入ってから進行した移民政策の厳格化の傾向は、一見すると「包摂」と「排除」の間で矛盾した内容を含んでいるようにも見えるが、水島は、そこには、脱工業化社会の進展により、シチズンシップの取得において言語コミュニケーションの比重が高まり、「参加」重視の社会経済戦略が取られるようになったことが関係していることを指摘した。

高度経済成長期には、モノの生産が中心であり、若くて健康な男性を中心とする移民労働者たちは、工場労働者となるのに、高い語学力を求められることはなく、定型化された仕事に従事するのが基本であった。しかし、脱工業化社会になると、生産されるものが、モノからモノならざるモノ（環境、安全、文化・芸術、景観、製品デザイン）へと変化し、職業生活と社会生活において、人間同士の言語によるコミュニケーションの必要性の比重が高まってきた。その結果、かつての製造業中心の場合とは違って、ホスト社会への言語活動を通した積極的参加が求められるようになり、ホスト社会の文化や言語を十分に修得することが労働者の条件として課せられるようになった。二〇〇〇年代後半から、ヨーロッパ各国で、新規移民に対してホスト社会の言語・法律・歴史に関する帰化テストを要求するようになったことも、それを物語っている。水島は、先進各国での移民排除の基準に「言語・文化」が据えられるようになったことの背景はここにある、と指摘した。生産過程や市民生活において、コミュニケーションをスムーズに行なうためには、ホスト社会での支配的な文化や習慣など「価値規範」の部分が大きな役割を果たすようになり、人よりもモノを相手にしていた工業社会では想定されなかった事態が発生した。「かつての人種差別・外国人排斥は、人種や血統・皮膚といった出身・先天的な形質を主たる選別の基準としていた。しかし、近年の選別基準は、むしろ言語や文化を取得し、当該社会で『参加』できるのか否かといった『個々人の在り方』に対する評価にシフトしている」[4]。

その後、水島は、話題となった『ポピュリズムとは何か――民主主義の敵か、改革の希望か』（二〇一六年）では、オランダにとどまらず、デンマークやスイスなどのポピュリズム政党に見られる排外主義についても、リベラルの価値を高く掲げたうえでイスラームを批判しようとする「リベラルゆえの反イスラーム」の傾向が見られることを指摘した[5]。具体例として取り上げられたのは、フォルタイン亡き後に登場したオランダのウィルデルス党、デンマーク国民党、さらには、ミナレット建設禁止への国民投票を可決させるうえで大きな役割を果たしたスイス国民党である。

二　一八世紀啓蒙思想における「啓蒙主義的排外主義」

一八世紀の啓蒙思想の文脈へ戻ろう。リベラリズムによる宗教批判は、かつては、近代ヨーロッパのユダヤ人たちが直面した問題であった。啓蒙主義がもたらしたリベラルな価値観は、一方でユダヤ人が市民権を獲得するチャンスをもたらしたが、他方でユダヤ人たちは、市民権の獲得の見返りとして、しばしば自分たちの宗教的な生活様式の変更や撤廃を迫られることになったのである。異なる宗教をもつ人びとの共生を実現するために形成された近代ヨーロッパの宗教理解の枠組みが、排除の原理としても機能してしまうという逆説を再考するためには、あらためて近代ユダヤ教と宗教的寛容をめぐる問題に立ちかえる必要がある。モーゼス・メンデルスゾーンは、このような逆説にきわめて敏感な人物であった。メンデルスゾーンは、彼の宗教哲学上の主著である『エルサレム――あるいは宗教権力とユダヤ教について』を中心にして、啓蒙主義の理念とユダヤ教の伝統を保持することが両立可能であることを示そうとした。しかし、メンデルスゾーンは、その生涯において、両者の両立可能性を疑問視する声に絶えずさらされることになった。ヨーロッパのリベラルな知識人たちは、ユダヤ人への市民権授与には積極的であったが、そのリベラリズムのゆえに、ユダヤ教についてはは否定的な態度をとることが少なくなかったのである。

ここで、メンデルスゾーンが直面した幾つかのコンフリクトについて「啓蒙主義的排外主義」の観点から考えてみたい。

一七五四年のことである。若きメンデルスゾーンがベルリンの啓蒙知識人たちとの親交を深めだした頃に、東洋学者のミヒャエリスは、レッシングが戯曲『ユダヤ人』の中でユダヤ人を道徳的に高潔な人物として描いた点を非難し、この戯曲で描かれるような道徳的なユダヤ人は現実には存在しないと批評した。これに対して、メンデルスゾーンは憤慨し、匿名で反論のエッセイを書いた。これは雑誌に発表され、公刊されたメンデルスゾーンの最初の文章となった。当時二五歳のメンデルスゾーンは、この戯曲の主人公のモデルであると言われていたユダヤ人の知識人グンペルツに対して、書簡の中で次のように怒りを語っている。

抑圧の中にある私たちの民にとって、なんという屈辱だろう！　なんという大げさな軽蔑だろう！　キリスト教徒の庶民は、私たちを常に自然界の屑や人間社会の潰瘍であると見なしてきた。しかし私は、学識ある人びとであれば、もっと公正な判断を下してくれるものと思っていた。私たちは、数多くの残酷な方法でキリスト教徒から激しい憎しみをかうだけでは十分ではないのだろうか。私たちに向けられた、こうした不正は、さらに中傷によって根拠づけられるべきなのだろうか（JubA. XI 1, 10）。

この出来事は、メンデルスゾーンにとって、ユダヤ人への偏見を是正する闘いの始まりとなった。興味深いことに、その二年後、ミヒャエリスは、メンデルスゾーンが匿名で出版した『哲学対話』や『感覚について』の著者が実はユダヤ人のメンデルスゾーンであることを知ったときに、在野の研究者のユダヤ人が学問の世界に進出してきたことを褒め称える好意的な批評を執筆した。この変化は、どう理解すればよいのだろうか。中傷であれ好意であれ、ユダヤ人のあらゆる活動についてその宗教的・民族的属性を抜きにして理解しようとしない傾向が見られることは確かだろう。

その次に言及すべきなのは、第七章でも触れた、スイスの牧師ラーヴァターによるキリスト教への改宗要求である。ラーヴァターは、一方では啓蒙思想の影響を受けた人物であったが、他方では、ユダヤ人たちが一斉にキリスト教に改宗することで終末が近づくと考えるメシアニズムの思想の持ち主であった。こうしたメシアニスティックな宣教精神にもとづいて、彼はメンデルスゾーンに改宗を迫ったのである。その意味で、ラーヴァターの改宗要求は宗教的な傾向が強いものであった。その後、メンデルスゾーンに対して、ユダヤ教とキリスト教の間ではなく、ユダヤ教と啓蒙主義の間の選択を迫る挑戦が行なわれることになった。理神論思想をもつベルリンの文筆家アウグスト・フリードリヒ・クランツによる批判である。

メンデルスゾーンは、メナセ・ベン・イスラエルの著作への『序文』で、教会権力を批判し、逸脱者や異教徒への寛容を語った。たとえば、教会権力が行使する破門権について次のように批判している。破門は、そもそも宗教本来の目的に反するものである。「あらゆる社会は、破門（追放）の権利をもっているように私には思われるが、教会の場合は別である。それは教会の目的に真っ向から反するからである」（JubA, VIII 2, 21）。メンデルスゾーンは、宗教が問題とする意見や信念の領域は、社会契約にもとづくものではないので、そもそも権利や義務の対象ではなく、したがって法的な強制力を行使することができない、と主張した。宗教の主目的は、強制力ではなく、啓発や教化にある。「真の神的な宗教は、意見と判断について何ら権威を要求することはない。……真の宗教は、根拠にもとづく議論を行ない、納得させ、確信にもとづいて幸福にする以外の力を知らない。真の神的な宗教は、腕も指も必要とはしない。それは純粋な魂と心なのである」（JubA, VIII 2, 18）。

しかし、教会権力を批判するメンデルスゾーンの姿勢については、メンデルスゾーンの理想的宗教観と実際のユダヤ教との間には矛盾があるのではないか、という批判が行なわれることになった。特にこのような批判を行なった代表者がクランツであった。

クランツは、一七八二年に『モーゼス・メンデルスゾーン氏への手紙における光と公正さの探求――氏のメナセ・ベン・イスラエルへの卓越した序文を機縁として』というパンフレットを出版した。クランツは、彼の著作に注目を集め、メンデルスゾーンからの応答を引き出すために、彼のパンフレットをあえて匿名で出版した[6]。クランツは、啓蒙知識人であるメンデルスゾーンに対して、あなたはユダヤ教の信仰ということで何を考えているのか、なぜ、教会権力のような抑圧的な要素を備えているユダヤ教にとどまろうとするのか、と問いかけたのである。

クランツは、ユダヤ教の信仰を、広い意味と狭い意味の二つの観点から規定した。クランツの考えでは、ユダヤ教の信仰は、広い意味では、キリスト教の信仰と同じものである。その内容は、唯一神を崇拝し、成就されたモーセの律法に従い、あらゆる民族をメシアのもとで統合する、というものである。それに対してユダヤ教の信仰は、狭い意味では教会法のシステムであって、それは破門という制度によって武装されているのである。

広い意味でのユダヤ教においては、キリスト教とユダヤ教の間には本質的な差異は存在しない。それは普遍的理性とも矛盾するものではない。しかし、狭い意味でのユダヤ教がもつ教会法的なシステムは、ユダヤ人をそれ以外の民族から排他的に分離する機能を果たしており、普遍的理性と矛盾している。だから、メンデルスゾーンが理性を重視するのなら、広い意味での信仰の立場に立たねばならないのである。メンデルスゾーンがそれでもキリスト教に改宗しないというのであれば、ユダヤ教の内部で教会法的な要素を除去するための改革を行なう必要が出てくる。しかし、仮にそうした改革を行なった場合、ユダヤ教には一体何が残るというのか。それでもユダヤ教にとどまり続ける理由はあるのだろうか。

親愛なるメンデルスゾーンさん、あなたは、ご自身の素晴らしい序文の中で、この特殊な信仰〔狭い方の信仰〕から、その要石を取り去ってしまったのです。というのも、あなたは、簡潔な言葉で、シナゴーグから主要な力を奪い、その権利を否定してしまったのですがら。シナゴーグは、その力と権利によって、あなたの父祖の信仰からの逸脱者を聖なる共同体の外へと追い出し、異端者を追放し、彼らに対して呪詛の言葉を投げかけ、聖なるイスラエルの民から彼らの名前を一掃していたのです（JubA, VIII 2, 77）。

武装した教会法というものが、常に、ユダヤ教自身の最も重要な基礎の一つとなっており、あなたの父祖の信仰体系における根本条項となっています。親愛なるメンデルスゾーンさん、あなたは、モーセが与えた神的啓示にもとづく教会法というものを批判する際に、〔ユダヤ教の〕基礎を取り去ることでその建物全体を揺さぶってしまったのに、どのようにして、父祖の信仰に忠誠心を持ち続けることができるというのですか。あなたによって注意を喚起された大衆には、皆、この最高に重要な点に関して、あなたが解明し、教示してくださることを待ち望む資格があるのです（JubA, VIII 2, 80）。

このように、クランツは、メンデルスゾーンに対して、宗教権力を批判したいのであれば、ユダヤ教の外へ踏み出すべきだ、と挑戦してきたのである。これは、啓蒙主義の言説が特定の宗教文化に帰属する人物に対して排外主義的に機能する典型例となっており、また、宗教権力の批判自体は正当な主張であるがゆえに、批判された当人にとっては、やっかいな問題になったのである。[7] 実際、メンデルスゾーンは『エルサレム』第二部では「この批判は心に刺さった」（JubA, VIII, 154）と述べている。

『エルサレム』においてメンデルスゾーンはクランツに対して次のように反論した。ヘブライ人の古代国家では国家と宗教は一体化していたので、国の立法者である神に反対することは、王国への犯罪として処罰の対象となった。しかし、それはディアスポラ以前の状況であり、現在では、宗教はもはや国家の法とは一致せず、その遵守は自発性にもとづいており、強制や懲罰に依存していない。そして、ユダヤ教は、その理性的本質において普遍的であり、啓示の特殊性においては、キリスト教のように奇跡の力を借りて超自然的な仕方で教義への信仰を要求することはなく、ユダヤ人のみに関係する行動規則（律法）をもつだけなので、寛容な宗教なのである。

ファイナーも指摘するように、メンデルスゾーン自身は、こうした同化主義的挑戦が続く中で、自分の宗教共同体の儀礼実践を重視することを、彼の立場として鮮明にしていくことになった。[8] クランツによる挑戦以外にも、第四章で述べたように、一方でユダヤ人のうちに普遍的な人間性を認めながらも、他方で現状のユダヤ人を改善が必要な存在と見なしたドームの主張や、『エルサレム』第一部の宗教権力への批判を高く評価しながらも、第二部で展開されるユダヤ教の律法論については宗教のカテゴリーに収らないものとして低く評価したカントの議論にも、「啓蒙主義的排外主義」をめぐるパラドックスを指摘することができるだろう。

三　フォアストの寛容論

次に、現代の寛容論を代表する論者であるライナー・フォアストの議論を紹介し、彼の議論の枠組みからメンデルスゾーンの寛容思想について考えてみたい。フォアストの議論に入る前に、寛容が問題となってくる背景について少し確認しておきたい。

寛容とは、歴史を紐解けば、西洋では、古くは、ローマ帝国内での被征服民族の宗教儀礼の取り扱いやキリスト教における異端派や異教徒への対応をめぐって展開してきた概念である。近代初期には、プロテスタントとカトリックの勢力間で発生した弾圧、抗争、戦争などを終結させる過程で、広く寛容についての議論が取り上げられることになった。哲学者ロックや啓蒙思想家ヴォルテールの有名な寛容論は、こうした議論が生みだした成果である。近代西洋の寛容論では、異なる宗教をもつ者同士が攻撃し合うのをくい止めるために、異教徒や宗教的少数派をその属性のみを根拠にして排除することのない宗教的に中立で寛容な国家を樹立することが求められるようになった。その意味では、政教分離とは、国家の枠組みの中に宗教を包摂することで、当座の秩序を安定させようとする試みだったのである（もちろん、これは万能の解決法ではなかった）。さらに現在では、寛容論は、宗教の問題にとどまらず、民族、肌の色、セクシュアリティの異なる人びととの関係をめぐる議論にまで拡大されている。

寛容とは、自己が異質のものと遭遇したときの関係性を規定する言葉である。寛容においては、制度と心的態度の双方において、自分とは異なる他者に対して、開放的な姿勢をどれだけ維持できるのか、という問題が問われている。この理解を念頭に置きながら近年の世界情勢を振り返るとき、トランプ大統領の政策であれ、ブレクジットであれ、そこに共通していたのは、自他の線引きを明確にしようとする動きである。おそらく、個人であれ集団であれ、異質なものと遭過した場合に、段階的に時間をかけて受容が行なわれているのであれば、そこで発生する軋轢や摩擦は、かなり緩和されることになるのだろう。しかし、現在は、グローバル化の進展速度が速いために、異質なものの短時間のうちに受け入れ可能な閾値を超えはじめているのかもしれない。それが、最近の異他なるものへの拒絶反応の中に現れているように思われる。

おそらくは生存戦略上、状況の変化に敏感であらざるを得ないので、一方で人間には異質なものへの警戒心をもたざるをえない側面がある。しかし、他方では、個人であれ社会であれ、成長の過程では異質なものから学ぶプロセスが不可欠である。異質なものの影響を受け、それを咀嚼する中で、そこから自己に取り入れるべきものとそうでないものを区別し、自己のアイデンティティは形成されるものといえる。

もちろん、現実には、異なるもの同士が当座は棲み分けをするしかない場合があるだろう。日常的な人間関係の事例で考えてみても、毎日顔を合わさないでいた方がよい関係が当然存在する。ただ、その場合でも、気に入らない人物に対しても、最低限、人としての尊重は欠かすことができない。異質なものとの付き合いかたを覚えることが大人になることであるとするなら、多様性をできる限り許容する寛容な態度は、自己と社会の成熟度を測る指標であるといえる。不安の時代には、人びとは自己に閉じこもる傾向が強まるので、寛容は、当該社会の平和の度合いを示す指標でもあるだろう。

ところで、現代の寛容論において大きな業績を残しているのは、フランクフルト学派の現役世代を代表する政治哲学者のフォアストである。フォアストは哲学者ハーバーマスの後継者にあたる人物である。フォアストの寛容論は大著『コンフリクトの中の寛容』（二〇〇三年）をはじめ、多数の論文の中で論じられている。

フォアストは、寛容をめぐって必ず登場する典型的な批判に言及して、それに対して回答を与えようとしている。まず、寛容に向けられる第一の批判は、寛容では、寛容を与える側と寛容を受ける側に上下関係が想定されており、寛容とは、上位の側が、いわば「上から目線」で行なう傲慢な態度である、という批判である。実際、西洋において発布された数々の寛容令は、ある国家において少数派の宗教や民族に寛容をほどこすという趣旨のものであった。一六世紀末にカトリックが多数派を占めるフランス王国においてプロテスタント信者の存在を容認するために発布されたナント勅令や、一八世紀末にハプスブルク家の皇帝ヨーゼフ二世がユダヤ教徒の同化のために交付した寛容令などが、その代表例である。

こうした「上から目線」の寛容論を批判する言葉として、よく引用されるのが、ドイツの文豪ゲーテの言葉である。ゲーテは寛容について次のように述べている。「寛容は一過性の心情にとどまるべきである。寛容は承認へと移行しなければならない。相手に我慢をするというのは無礼なことである」[9]。哲学者カントも寛容とは傲慢な言い方であると述べている（VIII, 40）。

第二の批判は、寛容とは、通常、相手を許す心の広い態度であると思われているが、しかし、なんでも無節操に受け入れるのであれば、それは単なる無関心ではないのか、というものである。これは相手を真剣に受け止めておらず、寛容が広すぎるという批判でもある。

フォアストは、これらの批判に対して、寛容には一定の基準（道徳的規範から見た場合の寛容の限界）があり、不寛容にたいする寛容という、よく指摘されるパラドックスにも回答を与えようとしている。

フォアストが寛容を論ずる際に重視するのは、寛容は相手への違和感や不快感を出発点とするということである。自分にとって好ましい対象をたんに追認したり、相手を投げやりな態度で放置するところには寛容は存在しない。私たちは、異なる文化の習慣や慣れない食べ物の匂いなどに違和感を覚えるわけだが、寛容とは、自分が感じる違和感によって他者を拒否することに正当な理由があるかどうかを理性的に吟味するところにこそ成立する。

フォアストによれば、寛容は、主に「拒否（Ablehnung）」「受容（Akzeptanz）」「却下（Zurückweisung）」という三つの構成要素から形成されている[10]。

まず、第一の構成要素である「拒否」では、私たちは他者に違和感を覚え、相手を間違っており悪いものとして拒否する。次に第二の要素である「受容」とは、相手を間違っており悪いものとして判断しながらも、相手の誤謬や悪を完全に断定するまでには至らず、忍耐をもって受容しなければならない状態を意味する。ここでは、受容する理由と拒否をする理由は隣り合って存在している。違和感がありながらも、相手を完全に拒否できるほどの理由をもちえない状態であるといえる。最後に第三の要素である「却下」とは、拒否をするための理由が受容する理由を上回り、その理由が一般的な妥当性をもつ状態である。ここに見られるのは寛容の限界であり、却下は単なる拒否とは全く意味が異なっている。却下をするための理由は普遍性と相互性を備えている必要がある。つまり、その理由は、特定の集団だけではなくて誰にでも妥当するものでなければならず、自分の立場のみではなく相手の立場からも承認される相互的なものであらねばならないのである。寛容の限界の具体例として挙げられるのは人権に関わる問題である。フォアストは、人種差別的な見解にまで寛容である必要はないのであって、私たちは人種差別の克服を目指すべきであり、この場合は却下のための理由こそが問題となる、と述べている。

右の三つの構成要素は、違和感に対する理性的な吟味のプロセスとして捉えることもできるだろう。自分の違和感が、本当に根拠のあるものなのかを対話を通して理性的によく考えたうえで、正当な理由がないのなら、忍耐を通して他者の振る舞いを受け入れなければならない。しかし、正当な理由があるのなら、他者の振る舞いを受け入れない場合も存在する。この場合、理由の正当性は、先に述べたように普遍性と相互性にもとづいている。

さらに、フォアストは寛容に関して四つの構想を提示している。[11] 第一の構想は「許容構想（Erlaubnis-Konzeption）」である。これは、権力をもつマジョリティの側が、マジョリティの体制の枠内におさまっている限りでマイノリティを許容することを意味している。先述のゲーテの批判は、この許容構想に向けられている。例としては、古いところではナント勅令などが挙げられるが、二〇〇九年にスイスの国民投票でミナレットの建設禁止が議論された時もこの寛容概念が問題となっていたといえる（マジョリティとしてのキリスト教的景観におけるイスラーム建築の制限ないしは排除）。

次に第二の構想は「共存構想（Koexistenz-Konzeption）」である。これは、力の拮抗するグループ同士が妥協の結果として共存しようとすることであり、道徳的理由にもとづくものではなくて、あくまで戦略的な妥協の産物にとどまる。具体例としては、消耗戦の結果として結ばれる休戦停戦や、ホッブズの『リヴァイアサン』のように、対立する諸勢力が中立的な権威を共に設立することで、そこに権力を集中させて、お互いの共存を図る場合などが挙げられる。

さらに、第三の構想は「尊敬構想（Respekt-Konzeption）」である。ここで重視されるのは、個人の道徳的自律と、相互に妥当する規範の正当化である。第一の尊敬概念のように一方的ではなく、この段階では、寛容は相互的で平等なものとなっている。この場合、フォアストは二つの平等を区別している。一つは形式的平等であり、公的領域（法・政治）と私的領域（倫理・文化・宗教）を厳格に分離して、公的領域での平等を確立するものである。この場合、倫理・文化・宗教の価値観の違いは私的領域の問題として処理される。具体例は、フランスにおける公的領域でのイスラーム教徒のヴェール着用禁止である。第二は質的平等であり、公的領域と私的領域を分離し前者にのみ平等を求めるのではなくて、倫理・文化・宗教の場面でも実質的平等を確立するものである。なぜ第二の平等も議論されるのかといえば、公私の分離に適合しやすい宗教や文化だけを優遇することがないようにするためである。

最後に、第四の寛容構想は「価値評価構想（Wertschätzungs-Konzeption）」である。これは、異なる文化や宗教に属する人の権利を法的なレベルで形式的に尊重するだけでなく、その価値の中身に対して承認ないしは拒否をするというものである。価値多元主義の一種であり、社会生活においては対立も発生することになる。

これらの四つの構想は、現代社会において同時に存在しており、コンフリクトはこれらの構想のぶつかり合いの中で発生している。フォアストがしばしば言及するのは、第一と第三の構想であり、特に、規範につながるものとして高く評価するのは第三の尊敬構想である。フォアストは、第一と第三の構想を、垂直的寛容と水平的寛容とも言い換えている。両者は、政治権力の合理化と道徳的規範の合理化としても理解できるだろう。

フォアストによると、これらの構想のうち、倫理的に多元的な社会において、どれが最も適切な構想であるのかを、寛容構想自体によって正当化することはできない。寛容は規範としては依存概念なのであり、他の規範がなければ未決定であり空虚であるとフォアストは語る。寛容は悪用される場合もあるわけで（犯罪に寛容であれ、というような場合）、寛容は善いことに役立つ場合に、肯定的な態度や実践を生みだすのである。そして、寛容を善きものとする、より高次の規範は正義なのである。

ここまでの議論を前提にして、メンデルスゾーンの寛容論について考えてみよう。まず、すぐに指摘できることは、ドームに代表されるように、メンデルスゾーンが対決した同化主義的寛容論は、ファストの主張するところの寛容の許容構想に相当するものであるという点である。というのも、当時の政策は、プロイセンやハプスブルクの国家体制を真に多元的で民主的なものへと変化させることなく、一方的にユダヤ人の側に市民となるための改善を求めるものであったからである。フォアストは、『コンフリクトにおける寛容』のメンデルスゾーンに関する考察箇所では、メンデルスゾーンが、宗教の違いはユダヤ人の政治的権利に影響を与えるべきではないことを主張し、ユダヤ教への寛容が、しばしばユダヤ教徒に宗教を捨てることを要求することになることを鋭く洞察していた、と指摘している。メンデルスゾーンは、理性の統一宗教を作ることを批判し、個々の宗教の違いを残すべきことを強調した。そのうえで、フォアストは、メンデルスゾーンの寛容論について次のように小括している。

メンデルスゾーンはまた、啓蒙主義に見られるパラドックスも示している。人間の一般的な理性への洞察は、信仰の違いを超えて人びとの間に寛容であることを根拠づけるものであるが、それにもかかわらず、理性的な人びととして数えられ、寛容の対象となる人びとの輪を十分に根拠づけないまま、ふたたび狭めてしまうのである。理性は宗教の問題においては不可知論的であり続けなければならず、道徳は宗教から独立したものであるというベールの洞察は、こういうわけで、啓蒙主義において十分に考慮されることはなかったのである――少なくともカントまでは。(12)

つまり、この評価では、メンデルスゾーンは、理性の有限性についての理解が十分ではなかったので、諸宗教の違いを重視しながらも、それらの多様性を多様性として把握するための理論をもっていなかったことになる。フォアスト自身は「啓蒙主義的排外主義」という言葉を使用してはいないが、理性の包括主義が排外主義を完全に追い出すことができていない理由は、理性の有限性への理解の有無にある、ということになるだろう。フォアストの寛容思想史理解では、理性の有限性を発見したのはピエール・ベールであった。フォアストによると、ベールは、宗教の領域を、端的に理性を超えており、正当化も論駁もできない領域として捉えていた。しかし、理性を超えているからといって、それは非合理というわけではない。一方で、理性は人類に共通の能力として存在しつづけるが、他方で、理性は自らの有限性と、宗教の差異を自らの力で統合することが不可能であることを自覚しているのである。

しかし、フォアストの評価とは違って、メンデルスゾーンは、寛容の対象となる人びとを理性との距離によってのみ判断するような理性の画一的な普遍主義とは異なる議論を展開していたという解釈も可能ではないだろうか。フロイデンタールが主張するように、メンデルスゾーンは、宗教は理性だけで構成されているわけではなく、象徴的儀礼とそれにもとづく共同体が、それぞれの宗教の独自性を構成していることを十分に認識していたからである。

四　寛容と多様性

最後に、メンデルスゾーンの寛容論を不十分なものとして批判する議論を紹介し、それに対する応答を試みたい。第五章では、ヤコービがベルリンの啓蒙主義者たち権威主義者として理解していたことを紹介したが、現代でも、著名なスピノザ研究者であるメラメドは次のような批判を展開している[13]。彼は、メンデルスゾーンの寛容は、当時のベルリンのユダヤ共同体のブルジョワ的道徳にとどまる中途半端なものであり、コミュニティのアウトサイダーであったザロモン・マイモンを積極的には擁護しようとしなかった態度にも現れているように[14]、ラディカルに別の思考をする人間を対等な対話の相手として受け入れる多元的なものではなかったと批判する。メラメドは、メンデルスゾーンがスピノザのラディカリズムを弱める解釈をしたことや、公共の福祉の名のもとに、ブルジョアジーの宗教の三つの教義（神、摂理、来世）を否定する人びと（たとえば無神論者）を政治的に許容しようとしなかった点などを取り上げて、メンデルスゾーンの寛容論を上から目線の高慢なものであると非難するのである。

メラメドは、他者を容認するというだけの寛容の美徳は貧しいものであると主張し、その代替案について次のように述べている。少し長くなるが引用しよう。

寛容がこれほど貧弱な美徳であるならば、代替案は何になるだろうか。答えは難しくないが、ここではジェスチャーで示すしかない。他者を容認するのではなく、その存在を祝うべきなのだ。なぜだろうか？　多くの理由が存在するが、その中でも最も重要なのは、他者の存在なしには、自分自身の盲点を認識することができないということだ。他者という反例が存在しなければ、私たちは常に、自分のしていることが自然で、自明であると考えたくなる。自己に代わるものに出会うことによって初めて、私たちは自らの歴史性と偶然性を知るようになる。他者との出会いがなければ、私たちは真の自己認識を得る術をほとんど持たず、ナルシスティックな自己像とともに人生を過ごすことになるだろう。

寛容に代わるものは、ホストもゲストもなく、寛容を与える側の国民国家も寛容を受ける側のマイノリティもなく、競合する文化や中心地が多様であることを祝うことである。これこそ、メンデルスゾーンと啓蒙主義者が受け入れようとしなかったものである。メンデルスゾーンにとって、文化には明確なヒエラルキーがあり、上位の文化はせいぜい下位の文化を許容する程度であった。ユダヤ人はドイツ人や他のヨーロッパ人よりは劣位にあったが（したがって、早急に改善する必要があった）、野蛮な蛮族よりはましだった。この啓蒙主義的ドグマは、ニュージーランドのマオリ族虐殺からアウシュビッツに至るまで、人間が引き起こした近代の大惨事の多くを引き起こした。このような惨劇への道は、たとえ許容範囲内であったとしても、私たちが他者を寄生虫として考えた瞬間から始まっているのである[15]。

このように、メラメドは、メンデルスゾーンのうちには、文化の階層性の思想が残っていた、と指摘するのだが、本当にそうだろうか。たしかに、寛容とは過渡的な状態であり、最終的には、異なる者同士が、上下の価値付けをもたず、たんに共存している状態が理想であろう。しかし、私たちの社会は、そうした社会を目指しながら、なかなか、そこまで到達しないのが現状なのであろう。

メラメドの指摘は重要だが、しかし、筆者は、メンデルスゾーンの多様性理解については、もう少し積極的な主張が可能であると考える。たとえば、メンデルスゾーンは、神の摂理が多様性自体を欲していたことを主張する。メンデルスゾーンは、第六章で触れたアプトとの論争の中で、個々の人間の使命がなぜ同じにはならないのか、というアプトの問いかけに対して、多様性は単なる飾りではなくて、多様性自体が、構造上、必要なのだと主張する。「アプト氏は、偉大な創造物の中に多様性が場所を見出したのは、たんに美のためであり、単調で退屈なものを避けるためだったのであり、そのことで同時に、多くの物事の最善の利益や本当の利用法を置き去りにしたのだと考えていた。（……）しかし、計り知れない神の御業、被造物についてはそうではない。ここでの多様性とは、単なる装飾ではなく、計画であり、最終的な目的である。私たちがここで話しているのは、同じ機械、同じ用途の機械の繰り返しではない。私たちはここで、それ自体がより大きな機械の構成要素である機械について話している。ちょうど、有機体の構成要素がそれぞれそれ自体で全体でありながら、それでも調和して大きな有機体全体を形成しなければならないように。ここでは多様性はたんに目の保養のために存在するわけではないのは明白であり、全体が形成されるために必要かつ不可欠なのである」（JubA. VI 1. 57–58）。

メンデルスゾーンは、八〇年代の論考では、道徳の進歩をめぐる議論と関連の中で、個々人の多様性に注目している。つまり、人間の在り方は一様ではないからこそ、それぞれの個々のリズムに応じた活動しか存在せず、一元的な発展史観は語り得ないのだ、と主張するのである。そして、メンデルスゾーンにとって、個々人の学習の多様性は、宗教の多様性と密接に結びついている。諸宗教には固有の発展があり、そこには優劣は存在しないのである。(16) この問題については引き続き考えていきたい。

註

(1)「啓蒙主義的排外主義」は、水島治郎氏が、かつて社会思想史学会・第三〇回大会での発表タイトルとして用いた言葉である。水島治郎「『啓蒙主義的排外主義』の時代か――オランダにおける新右翼と移民排斥」社会思想史学会・第三〇回大会、二〇〇五年一一月一三日。この章の叙述にあたっては、水島氏の研究から大きな刺激を得てきた。記して感謝申し上げる次第である。この問題については、以下の雑誌特集と論文も参照した。「【特別企画】日欧における新右翼の潮流――世紀末の『希望』から世紀初の『不安』へ?」『生活経済政策』二〇〇二年、第六八巻。水島治郎「オランダとヨーロッパ憲法条約否決――オランダ現代史上初の国民投票」『生活経済政策』二〇〇五年九月、第一〇四巻。

(2) 水島治郎「オランダにおける反移民新党の躍進――「ポストモダンの新右翼」の出現」『海外事情』二〇〇二年、第五〇巻第一〇号、七一頁。

(3) 水島治郎『反転する福祉国家――オランダモデルの光と影』岩波書店、二〇一二年。

(4) 同書、二〇九頁。

(5) 水島治郎『ポピュリズムとは何か――民主主義の敵か、改革の希望か』中央公論新社、二〇一六年。

(6) その際に、クランツは、そのパンフレットがウィーンの声望高い政治家であったゾンネンフェルス（Joseph Baron von Sonnenfels）の執筆によるものであるかのように見せかけようとして、パンフレットの末尾で、執筆地をウィーンとし、執筆者を「S」というイニシャルによって表現した。当時、ゾンネンフェルスがメンデルスゾーンを尊敬していることは広く知られた事実であった。

（7）クランツは、ヴェセリの場合のように、ユダヤ社会において改革を進めようとする人びとが保守的なラビたちの激しい反発を受けていることをよく知ったうえで、このような議論を展開している。そのうえで、クランツは、ユダヤ教が良心への強制を批判する寛容の宗教であるとは本当か、という問いを投げかけたのである。

（8）Shmuel Feiner, *Moses Mendelssohn, Ein jüdischer Denker in der Zeit der Aufklärung*, Aus dem Hebräischen von Inge Yassur, Göttingen: Vandenhoeck & Ruprecht, 2009, S. 143.

（9）Johann Wolfgang Goethe, Maximen und Reflexionen, in *Werke 6*, Frankfurt am Main: Insel, 1981, S. 507.

（10）Rainer Forst, *Toleranz im Konflikt. Geschichte, Gehalt und Gegenwart eines umstrittenen Begriffs*, Frankfurt am Main: Suhrkamp, 2003, S. 32–40.

（11）Ibid., S. 42–48.

（12）Ibid., S. 417.

（13）Cf. Yitzhak Y. Melamed, Mendelssohn, Maimon, and Spinoza on Excommunication and Toleration, Dispelling Three Enlightenment Fairy Tales, in *Moses Mendelssohn: enlightenment, religion, politics, nationalism*, edited by Michah Gottlieb and Charles H. Manekin, Bethesda, Maryland: University Press of Maryland, 2015.

（14）メラメドの解釈とは違って、筆者は、メンデルスゾーンがマイモンを冷たく扱っていたとまではいえないように思う。マイモンがベルリンを訪問した際のエピソードはこうである。マイモンがベルリン滞在中に、幾人かのリベラルなユダヤ人たちが、マイモンが周囲と馴染まず、危険な思想（おそらくはスピノザの思想）を広げており、放蕩な生活をしているという廉で、メンデルスゾーンに相談をしてきたことがあった。メンデルスゾーンは、マイモンに対して、これらについて問い質した。それに対してマイモンは、自分が周囲と馴染まないのは、特殊な生い立ちもあって私は静かに一人で瞑想生活を送ることを好むからであり、危険な思想という非難については、この思想に害があるとは思えないし、もし害があるというなら反論して欲しい、自分は、あらゆる偏見を超えて啓蒙されることを望む少数の紳士に対して説明したのだが、彼らは理解できなかったのだと返答した。そして、放蕩生活との非難に対しては、〈我々は皆、エピクロス主義者なのであり、モラリストは、目的達成のための慎重な手段を取るようにアドバイスできたとしても、目的そのもの〔おそらくは性欲のこと〕を規定することはできない〉と反論した。そして、マイモンは、メンデルスゾーンに対して、私はそろそろベルリンを発とうと思う、と語った。メンデルスゾーンは、マイモンに対して手紙を渡し、その中で彼の才能を褒め称え旅の安全を祈った。Solomon Maimon, *The Autobiography of Solomon Maimon*, The Complete Translation Edited by Yitzhak Melamed & Abraham P. Socher, Translated by Paul Reitter, With an Afterword by Gideon Freudenthal, Princeton/Oxford: Princeton University Press, 2018, pp. 208–209.

（15）Yitzhak Y. Melamed, op. cit., pp. 59–60.

（16）隠岐さやかは、啓蒙主義時代の進歩思想について、「人間の精神のあり方を不変と見なし、政治や経済の制度が洗練されていくことを各種記録によって経験的に示そうとする」「自然誌的な進歩観」と「人間精神のあり方自体が優れたものへと変化し、人類を完成へと導くという目的論的な記述を提示する哲学的進歩観」の二つを区分している（隠岐さやか「進歩史観と啓蒙」日本一八世紀学会　啓蒙思想の百科事典編集委員会編『啓蒙思想の百科事典』丸善出版、二〇二三年、五四八頁）。前者が記述的であるのに対して、後者は規範的議論としての性格を有している。カントの議論は後者に属するものであるとして、メンデルスゾーンの場合は、その位置づけは微妙である。メンデルスゾーンも目的論的な記述を行なうが、すべての個に全体が反映しているというモナドロジー的構造は不変のものである。

あとがき

本書には過去一五年ほどの間に執筆した論考を収録した。部分的に加筆・修正を行なっている。

序文　書き下ろし

第Ⅰ部
第一章「モーゼス・メンデルスゾーンとユダヤ啓蒙主義」『京都ユダヤ思想』第五号、二〇一五年、六六―七六頁。
第二章「カントとメンデルスゾーンにおける啓蒙と宗教の関係」『日本カント研究』第一七号、二〇一六年、九六―一〇八頁。
第三章「スピノザ『神学政治論』からメンデルスゾーン『エルサレム』へ」『スピノザーナ』第一一号、二〇一一年、一〇五―一二二頁。

第Ⅱ部
第四章「モーゼス・メンデルスゾーンとユダヤ自治」赤尾光春・向井直己編『ユダヤ人と自治――中東欧・ロシアにおけるディアスポラ共同体の興亡』岩波書店、二〇一七年、七九―一〇三頁。
第五章「スピノザとメンデルスゾーン――汎神論論争が抱える神学政治問題」加藤泰史編『スピノザと近代ドイツ――思想史の虚軸』岩波書店、二〇二二年、一二一―一四三頁。
「宗教と啓蒙主義――モーゼス・メンデルスゾーンとユダヤ啓蒙主義の場合」『宗教哲学研究』第二四号、二〇〇七年、五三―六八頁。

第六章「啓蒙思想は魂の不死をめぐって何を問題としたのか」『西日本哲学会年報』第二九号、二〇二一年、六五―八三頁。

第七章「不寛容を生き抜く技法――メンデルスゾーンとラーヴァター事件」日本宗教学会第七八回大会、二〇一九年九月。

第八章「道徳の進歩をどのように理解すべきか――カントとメンデルスゾーンの議論から考える」日本倫理学会第七〇回大会、二〇一九年一〇月。

第Ⅲ部
第九章「世俗と宗教の翻訳可能性」『宗教哲学研究』第三二号、二〇一五年、四二―五四頁。
第一〇章「グローバル化時代における寛容」寄川常路編『グローバル・エシックス――寛容・連帯・世界市民』ミネルヴァ書房、二〇〇九年、二七―四五頁。「メンシングの寛容論の現代的意義」日本宗教学会第七七回大会、二〇一八年九月。
第一一章「近代ユダヤ教と宗教的寛容―啓蒙主義的排外主義という逆説をめぐって―」『一神教学際研究』第三号、二〇〇七年、七九―一〇〇頁。「現代社会に求められる寛容とは」『TASC monthly タスクマンスリー』第四九七号、二〇一七年、六―一二頁。

本書では、啓蒙思想とユダヤ教を両立させようとするメンデルスゾーンの試みを様々な角度から考察してきた。市川裕は、近著の中で、偶像崇拝を自覚して破棄するというユダヤ教の営みを「啓蒙」という言葉で捉え直している[1]。それは「自分が知らず知らず陥る認識論上の怠慢を克服し、自己超克することの耐えざる挑戦」なのであり、ここにおいて、信に徹することが啓蒙に到達することになる。第五章ではメンデルゾーンが主張する探求の精神に注目したが、たしかに、ここには、市川が指摘するような意味でのユダヤ教の精神が息づいている。

ここで強調しておかねばならないのは、フロイデンタールも指摘するように、その啓蒙は、単なる合理主義ではなく、儀礼、象徴、共同体といった要素を排除してはいない、ということである。それどころか、宗教が全体のバランスを取るためには、それらの要素が不可欠なのである。メンデルスゾーンはこの点に自覚的な哲学者であった。フロイデンタールによれば、メンデルスゾーンは、『エルサレム』第二部で、ユダヤ教の日々の宗教行為を、儀式や祭りを不要のものとする合理主義（これは極端な場合は日常生活の意味の喪失に帰着する）と、偶像を実体視することから発生するフェティシズムの両者を回避するものとして解釈したのである。(2)

さらに、メンデルスゾーンは、偏見に対する彼の言及にも見られるように、啓蒙的批判が容易に他者への不寛容に転落することにも意識であった。啓蒙の主体は独断的になりやすいからこそ、自分にとっては偏見に思える他者の見解について、それが社会生活上の実害を及ぼすものでない限りは寛容である必要があるのだ。

いまだに分断や対立が耐えない現代世界において、メンデルスゾーンの寛容思想が教えてくれることは多い。彼の思想の根底にあるのは、何も悪いことをしていないのに、たまたま劣位の環境に生まれたがゆえに周りから攻撃される者の苦しみであり、自分のルーツへの誇りである。彼のオプティミズムや人類愛はこの地盤に支えられていることを忘れてはならないだろう。メンデルスゾーンは理性の普遍性と宗教文化の多様性の共存という点で先進的な理解をもっており、ユダヤ人への差別と抑圧に対抗して哲学を遂行した人物として、人間の真の尊厳に対する思索を深めたのである。

今回、過去の論考を見直してみて、改めて、メンデルスゾーンと、スピノザ、ライプニッツ、カントとの対置関係が重要であるとの認識を新たにした。本書ではスピノザとの隠れた対話に注目したが、やはりメンデルスゾーンはライプニッツ主義者であり、ヴォルフ以上に、一八世紀におけるライプニッツの最良の後継者と言えるところがある。ライプニッツとの関係については全く論究できていないので、今後の課題である。カントとの関係については、どちらかの立場から優劣を論じるのではなくて、それぞれに独創的な仕方で同時代の共通の課題に取り組んだものとして解釈するのが生産的であると思われる(3)。その意味では、スピノザ、ライプニッツ、カントと比較するとしても、特権的な大哲学者を基準としてそこからの距離で思想内容を測定する必要はないのである。それぞれの哲学者がそれぞれの仕方で自分の課題を解決しようとしたのである。

道徳的進歩と個の多様性、さらには象徴や儀礼の問題は、メンデルスゾーンの思想における魅力であるが、まだ十分にその構造を明らかにできていないので、これも今後の課題である。

本書では、メンデルスゾーンの宗教思想や政治思想の積極的意義を強調してきたが、本書で扱わなかった論点についても少し補足しておきたい。

第一にはジェンダーの問題である。メンデルスゾーンは、当時のユダヤ社会では珍しく、妻のフロメット・グッゲンハイムと結婚する際に、お互いの恋愛関係における自由意志を重視し、形式的な儀礼を極力排除しようとした。彼らの間で交わされた書簡は、当時のユダヤ社会の男女関係を伝える歴史的資料としての価値をもっている。しかし、メンデルスゾーンは、結婚後の妻との関係において、男女の性別役割的発想を脱却できていなかったし、娘のブレンデル（後のドロテーア）の最初の結婚においても、自分の意向を強く反映させようとした。このような時代的制約を抱えながらも、しかし、その思想内容には、現代のジェンダー思想から新たな光を当てて読み直す余地が残されている。ユダヤ人として劣位に置かれた状況をめぐって彼が行なった対抗言説や『エルサレム』で展開される啓示をめぐる証言の系譜の問題などは、ミランダ・フリッカーの認識的不正義の観点から分析することが可能である(4)。

第二にはイディッシュ語への低い評価である。彼の言語環境は、高地（標準）ドイツ語、ヘブライ語、西イディッシュ語の三つの言語の中にあった。メンデルスゾーンの幼少期のユダヤ人社会では、日常会話では西イディッシュ語が使用されており、ユダヤ教の伝統的な教育カリキュラムでは、近代ヨーロッパの世俗の学問を学ぶ機会はなく、ほぼアラム語のタルムード学習のみが行なわれており、ヘブライ語聖書の学習も不十分な状況にあった。本書でも指摘したように、そのような状況下で、メンデルスゾーンは、ドイツのユダヤ人の道徳や文化を向上させるために、ドイツ語とヘブライ語の純粋なバイリンガルの養成を理想としていた。メンデルスゾーンはヘブライ語聖書を美的表現として、道徳性において世界に誇れる宝であると考えており、それを現代的な仕方で理解可能なものにするために、翻訳言語として、西イディッシュ語ではなく、高地ドイツ語を選択した。たしかに、ここには混合言語を嫌う傾向が見られるので、今日のイディッシュ文学の豊穣さを知る観点からすれば批判を免れない面があるわけだが、この選択を、たんに国民国家形成期の言語標準化の中での方言蔑視として片付けてしまうのは一面的であろう。メンデルスゾーンは、世界の様々な文化（ヘブライ語のみならず、古代ギリシア語、フランス語、英語など）をドイツ語に翻訳することで、ドイツ語を多元的な言語へと発展させていく試みを行なっていたともいえるのである(5)。

最後に、私がメンデルスゾーンに関心をもつに至った経緯について少し振りかえっておきたい。私は、卒論や修論ではカントの宗教哲学を研究していたが、研究を進める中で、カントと近しい関係にあったモーゼス・メンデルスゾーンというユダヤ人の哲学者の存在を知ることになった。一九九〇年代後半、博士課程の院生の頃に、安酸敏眞先生のレッシングに関する博士論文を京都大学の文学研究科図書館で手に取って、その中にあるメンデルスゾーンに関する記述に興味を覚えたことや、福谷茂先生にアルトマンの研究について教えていただいたことなどが、最初のきっかけだったように記憶している。

私の関心を惹いたのは、カントとメンデルスゾーンが、啓蒙主義期の理性宗教論を展開しながらも、背景とする宗教の違いが、それぞれの宗教理解に深い刻印を残している点であった。これは、哲学思想の歴史的文脈への解体を意図しているわけではなくて、どの思想も真空状態で遂行されるわけではなく、哲学思想の立ちあがる現場で、どのような社会的力が作用を及ぼしているのか、宗教的地盤との絡み合いの中で、どのような軋轢や対話が発生しているのかを自覚化する、という意味である。当時はそれほど明確に意識していたわけではなかったが、一八世紀の議論のうちに多文化主義的な問題設定を読み込むことができるのではないか、との見通しをもったともいえる。メンデルスゾーンが、啓蒙主義の時代の思想家としては珍しく、宗教における儀礼や共同体の意義を重視している点も魅力的であった。

当時は宗教研究において宗教概念批判が注目されつつある時代でもあったので、プロテスタント型の宗教概念を自明のものとすることを検証する議論が、メンデルスゾーンが同時代に格闘していた問題と符合したというのもあったように思う。そして、ちょうど、この過去四半世紀が日本におけるユダヤ研究が活性化し始める時代であったのも、ユダヤの思想家を研究するうえで幸運であった。

その後、寄り道をしながらもメンデルスゾーン研究を続けてきたわけだが、次に進むためにも、一度、関連する論考をまとめておきたいという考えで、今回、本書を上梓した次第である。過去の論考を振り返ってみて、同じようなことを繰り返し論じている自分にあきれると同時に、そこには自分にとって本質的な問題があり、おそらく他のみなさんにとっても少しは意味のある問題なのではないかと考えている。

本来、本書は一〇年前に出版すべき研究であったかもしれないが、事情により、ここまで時間が経過してしまった。その点は忸怩たる思いである。しかし、出版までに時間がかかったことで知見が広がった部分も多い。特に二〇一〇年代に入ってからの海外の研究者たちとの研究交流は、メンデルスゾーンの思想の理解を深めるうえで得るところが大きかった。

二〇一八年には、科研費を用いて、代表的なメンデルスゾーン研究者であるシュムエル・ファイナー氏（バルイラン大学）とミヒャ・ゴットリープ氏（ニューヨーク大学）を日本に招聘した。二週間程度の滞在期間中に、彼らと公私にわたって数々の意見交換をしたことは、私にとって貴重な財産となっている。ゴットリープ氏は、東京から京都へ移動中の新幹線の中で、フレデリック・バイザーの『理性の運命』を読んだことがメンデルスゾーン研究を始める出発点であったことを私に語ってくれたが、ゴットリープ氏も私も、ほぼ同時代に、それぞれ遠く離れた場所でメンデルゾーンへの興味を抱いていたことに気がつき感慨深いものがあった。ファイナー氏からは、一八世紀啓蒙主義をユダヤ人の視点から捉える発想について多くの示唆を得た。彼の歴史研究は、様々なコンフリクトを抱える現代イスラエルのユダヤ人にとってユダヤ啓蒙主義がどのような意味をもっているのか、という切実な問いに支えられており、彼は、過去の文献研究から生身のユダヤ人のライフヒストリーを浮かび上がらせる名手である。

さらに、メンデルスゾーンの生誕地ドイツのデッサウにあるメンデルスゾーン協会の方々との交流にも触れないわけにはいかない。前会長のアンゲリカ・シュトルツ氏は、二〇一〇年にデッサウを突然訪問した私を温かく受け入れてくださり、現在に至る交流の基礎を築いてくださった。特に、メンデルスゾーン協会の研究部門を担当しているベルント・ウルブリヒ氏には、毎回の訪問の際に、資料の提供や現地の案内などを快く引き受けてくださり、大変お世話になってきた。旧東ドイツで産まれ育ったウルブリヒ氏は、モスクワの大学に留学中にヘルマン・コーヘンの研究に着手した。彼は、当時は西側の文献を入手することは容易ではなく、孤軍奮闘の状態であったと回想している。その後、東西ドイツ統合など、歴史の荒波を乗り越えながら、在野の研究者として、メンデルスゾーン協会の活動を支え続けてきた人物である。彼は、メンデルスゾーン、コーヘン、シュタインタールなど、ザクセン・アンハルト地域と縁のあるユダヤ知識人たちを地域の歴史の中で再発見し顕彰する仕事を進めている。二〇世紀中庸にナチス・ドイツの時代があったことを思えば、こうした研究活動は、とても尊いものである。一度は歴史の中から暴力的に葬り去られようとした彼らが、実際にかつてドイツ各地で暮らしており、ドイツの社会を共に形成してきた一員であったことを再認識することにつながっているからである。ウルブリヒ氏の研究調査の結果は、デッサウ・メンデルスゾーン協会から発行されている刊行物シリーズの中で、随時、公表されている。

またライナー・フォアスト氏の寛容研究も、一八世紀の寛容論を構造化するうえで大いに参考になった。彼の論文を翻訳し、二〇二三年五月にフランクフルト大学で開催された独日会議に招聘していただいたことは、考えを深めるうえでとても有益であった。

このような海外の研究者との交流は科研費なくしては不可能であり、研究に価値を認めて支援してくださった皆さんに改めてお礼申し上げる次第である。本研究につながった科研費は以下の通りである。

若手研究スタートアップ「啓蒙主義による宗教理解の再考：モーゼス・メンデルスゾーンとユダヤ啓蒙主義の場合」（課題番号19820016、二〇〇七—二〇〇八年度）

若手研究（B）「近代宗教思想史におけるスピノザ受容史」（課題番号22720034、二〇一〇—二〇一二年度）

若手研究（B）「F・H・ヤコービの哲学論争と表現方法の研究」（課題番号25770027、二〇一三—二〇一五年度）

基盤研究（C）「モデレート啓蒙主義の再考——メンデルスゾーンにおける啓蒙と宗教の両立可能性」（課題番号17K02258、二〇一七—二〇一九年度）

基盤研究（C）「寛容と不寛容に関する議論形態の分析——啓蒙期の哲学者メンデルスゾーンの事例を中心に」（課題番号20K00101、二〇二〇—二〇二三年度）

お礼を申し上げるべき方は無数におられるが、ごく少数の方のお名前しか挙げられない点についてお許しいただきたい。まず、宗教哲学研究への道を開いてくださった長谷正當先生と藤田正勝先生、京都大学の宗教学の博士後期課程在籍時にメンデルスゾーン研究の価値を認めてくださった氣多雅子先生と杉村靖彦先生に心より感謝申し上げたい。杉村先生からは、大学院の演習で初めてメンデルスゾーンについて発表した際に、「ユダヤ的源泉に立ち帰ることが、メンデルスゾーンの思想にとって、どのような必然性や意味をもつのか」という趣旨の質問を受けたが、これはユダヤ哲学について考える際の課題として胸中に残っている。

院生の時代にはカント哲学を多様な哲学史の文脈から読解していく福谷茂先生の講義にも大きな刺激を受けた。ユダヤ思想研究においては、市川裕先生、合田正人先生、手島勲矢先生から、折々に励ましを受けてきた。小野文生さんや佐藤貴史さんなど、比較的年齢の近い世代の研究者の皆さんたちとの研究交流も大きな支えとなってきた。また、勤務校の佐賀大学では沢山の方々にお世話になってきたが、特に相澤照明先生、木原誠先生、古川末喜先生、吉岡剛彦先生にお礼申し上げたい。

そして、本書に出版の価値を認めてくださり、編集作業の労をとってくださった晃洋書房の井上芳郎さんに心よりお礼申し上げる。

最後に、日々の研究生活を支えてくれている私の家族（妻の幸子さん、娘のさくら、猫のマーボ）、両親、義理の両親、義理の姉に感謝の意を捧げたい。

付　記

本書は科研費の成果である。
基盤研究（C）「寛容と不寛容に関する議論形態の分析——啓蒙期の哲学者メンデルスゾーンの事例を中心に」（課題番号20K00101、二〇二〇—二〇二三年度）

註

（1）市川裕『ユダヤ的叡智の系譜——タルムード文化論序説』東京大学出版会、二〇二二年、三頁。

（2）Gideon Freudenthal, *No Religion without Idolatory, Mendelssohn's Jewish Enlightenment*, Notre Dame, Indiana: University of Notre Dame Press, 2012. Gideon Freudenthal, Danksrede, in *Moses Mendelssohn Preis* 2014, *Preisverleihung* 23. *Februar* 20, hrsg.v. Dessauer Moses Mendelssohn Stiftung zur Förderung der Geisteswissenschaften in Verbindung mit Moses-Mendelssohn-

Gesellschaft Dessau e. V., Dessau-Roßlau: Dessauer Moses Mendelssohn Stiftung zur Förderung der Geisteswissenschaften, 2015.

（3）著名なカント研究者であるポール・ガイヤーもそのようなアプローチに立っている。Paul Guyer, *Reason and Experience in Mendelssohn and Kant*, Oxford: Oxford University Press, 2020.

（4）この点については、二〇二〇年にアメリカ・ユダヤ学会（ＡＪＳ）がオンライン大会として開催された際に、Shira Billet の報告内容から多くを学んだ。

（5）Vgl. Grit Schorch, *Moses Mendelssohns Sprachpolitik*, Berlin/Boston: de Gruyter, 2012. ミヒャ・ゴットリープ「モーゼス・メンデルスゾーンの現代性――少数派への教訓」加藤哲平・後藤正英訳『ユダヤ・イスラエル研究』第三三号、二〇一九年。

二〇二四年一月

鳥栖の地より九千部の峰を望みつつ

後藤正英

An Enlightenment Philosopher's Struggle Against Intolerance
Moses Mendelssohn's Philosophy and Modernity

Contents

Introduction

Part 1: Between the Jewish Enlightenment and the German Enlightenment
Chapter 1 Moses Mendelssohn and the Jewish Enlightenment
Chapter 2 Enlightenment and Religion in Kant and Mendelssohn
Chapter 3 From Spinoza's "Theological-Political Treatise" to Mendelssohn's "Jerusalem"

Part 2: A Record of a Jewish Philosopher's Struggle
Chapter 4 Moses Mendelssohn and Jewish Autonomy
Chapter 5 Spinoza and Mendelssohn -- The Theological-Political Problem of the Pantheism Controversy
Chapter 6 Enlightenment and the Question of the Immortality of the Soul
Chapter 7 The Art of Surviving Intolerance -- Mendelssohn and the Lavater Affair
Chapter 8 How Should We Understand Moral Progress? -- From the Arguments of Kant and Mendelssohn

Part 3: Mendelssohn's Modernity
Chapter 9 The Possibility of Translation Between the Secular and Religion
Chapter 10 The Ethics of Tolerance in the Age of Globalization
Chapter 11 Contemporary Tolerance Theory and Mendelssohn

Afterword
Index

重要人名索引

ア

アーカッシュ　Arkush, Allan　12-13
アルトマン　Altmann, Alexander（1906-1987）　11, 12, 16, 90, 112, 123
アーレント　Arendt, Hannah（1906-1975）　168-169, 172
アッシャー　Ascher, Saul（1767-1822）　83-84
イグナティエフ　Ignatieff, Michael（1947-）　175
市川裕（1953-）　202-203
イスラエル　Israel, Jonathan（1946-）　34-35
ヴェセリ　Wessely, Naphtali Herz（1725-1805）　23, 27, 112
ヴルフ　Wulff, Moses Benjamin（1661-1729）　25-26
ウルブリヒ　Ulbrich, Bernd Gerhard（1954-）　207
エムデン　Emden, Jacob（1697-1776）　28, 68
エンゲル　Engel, Eva（1919-2013）　11
オイヒェル　Euchel, Isaak Abraham（1756-1804）24, 27-28, 37

カ

ガットマン　Gutmann, Amy（1949-）　175
カント　Kant, Immanuel（1724-1804）　6-7, 24, 30, 33, 41-42, 52-53, 57, 117-118, 120-121, 135-137, 140-144, 151, 157, 160, 191
クランツ Cranz, August Friedrich Cranz（1723-1777）　38, 77, 186-188
グッゲンハイム　Gugenheim, Fromet（1737-1812）　6, 204
グンペルツ　Gumpertz, Aaron Solomon（1723-69）　5, 23, 36, 167
ゴットリーブ　Michah, Gottlieb　13, 206-207

サ

サックス　Sacks, Elias　14
ザモシチ　Zamosc, Israel（1700-1772）　23, 36
スピノザ Spinoza, Baruch de（1632-1677）　2, 35, 40-41, 47-50, 55, 57-58, 79, 94, 95, 99-100, 102
シュトラウス　Strauss Leo（1899-1973）10-11, 35, 87-92
ソーキン　Sorkin, David（1953-）　12-13, 21-23, 35, 52
ソクラテス Sokrates（紀元前469-399）　109-115, 120, 128

タ

ツェルナー　Zöllner, Johann Friedrich（1753-1804）　136
ドーム　Dohm, Christian Wilhelm von（1751-1802）　4, 6, 27, 29, 67-76, 136, 188

ナ

ニコライ　Nicolai Friedrich（1733-1811）　6, 9, 27, 169

ハ

ハーバーマス　Habermas, Jürgen（1929-）　148-161, 190

ハーマン　Hamann, Johann Georg（1730-1788）　7, 110, 160-161
ヒルシュ　Hirsch, Samson Raphael（1808-1888）　84
ビースター　Biester, Johann Erich（1749-1816）　8, 136
ファイナー Feiner, Shmuel（1955-）　13, 21, 31, 37, 77, 188, 206-207
フォアスト　Forst, Rainer（1964-）　134, 145, 189-195, 207-208
フォルタイン　Fortuyn, Pim（1948-2002）　181-182
プラトン　Platon（紀元前427-347）　6, 109-115
フリートレンダー Friedländer, David（1750-1834）　7, 24, 37-39, 112
フリードリヒ２世（フリードリヒ大王）　Friedrich II., König von Preußen　5-6, 27, 36, 65, 97, 136
フレンケル　Fränkel, David ben Naphtali Hirschel（1707-1762）　5, 26, 36
フロイデンタール　Freudenthal, Gideon（1947-）　14, 80, 195, 203
ベック　Beck, Ulrich（1944-2015）　172-174
ベール　Berr, Cerf（1726-1793）　70
ヘルダー　Herder, Johann Gottfried von（1744-1803）　48
ヘルツ　Herz, Markus（1747-1803）　28, 68
ベンダーフィット　Bendavid, Lazarus（1762-1832）　39, 44-45
ホーネット　Honneth, Axel（1949-）　145
ボネ　Bonnet, Charles（1720-1793）　6, 67, 128, 131
ポロック　Pollock Anne　13-14

マ

マイモニデス　Maimonides（1135-1204）　5, 13, 21, 26, 36, 130
マイモン Maimon, Salomon（1753-1800）　195, 199
水島治郎（1967-）　181-183
ミヒャエリス　Michaelis, Johann David（1717-1791）　73, 168, 184-185
メナセ・ベン・イスラエル　Manasse ben Israel, Samuel（1604-1657）　7, 27, 72, 130, 186
メラメド　Melamed, Yitzhak Y.　195-197
メンシング　Mensching, Gustav（1901-1978）　176-178
メンデルスゾーン，ブレンデル（ドロテーア）Mendelssohn, Brendel（Dorothea）（1764-1839）　6, 205
メンデルスゾーン，ヨーゼフ　Mendelssohn, Joseph（1770-1848）　6
メンデルスゾーン，フェリックス・バルトルディ・Mendelssohn Bartholdy, Felix（1809-1847）　2, 12

ラ

ラーヴァター　Lavater, Johann Caspar（1741-1801）　6, 27-28, 36, 67, 89, 91, 126-128 131-133
ライプニッツ　Leibniz, Gottfried Wilhelm（1646-1716）　3, 48-49, 51, 56, 112, 114-117, 119, 161
レッシング　Lessing, Gotthold Ephraim（1729-1781）　5-7, 9, 27, 36, 42, 49-50, 87, 89-94, 98, 110, 142, 144, 167-170

ヤ

ヤコービ　Jacobi, Friedrich Heinrich (1743-1819)　7, 31, 35, 50, 87-89, 91-98, 105-106, 195

ヨーゼフ２世　Joseph II., Kaiser von Österreich（1741-1790）　4, 7, 23, 69, 72-73, 77, 94- 95, 137, 191

《著者紹介》
後藤正英（ごとう　まさひで）

1974年宮城県生まれ
博士（文学・京都大学）
現在　佐賀大学教育学部教授

主要業績

シェリング『自然哲学１ｂ巻』（共訳、文屋秋栄、松山壽一編、近刊）
バーンスタイン『根源悪の系譜：カントからアーレントまで〈新装版〉』（共訳、法政大学出版局、2021年）
「ヤコービの衝動概念と個体の自由―『フィヒテ宛公開書簡』の付録と補遺の分析から―」（『フィヒテ研究』第27号、2019年）
「「東欧における東洋の宗教―リトアニアからの三つの事例」＋論文解説」（翻訳、『佐賀大学教育学部研究論文集』７巻１号、2023年）
『宗教学』（共著、伊原木大祐・竹内綱史・古荘匡義編、昭和堂、2023年）

不寛容と格闘する啓蒙哲学者の軌跡
――モーゼス・メンデルスゾーンの思想と現代性――

2024年３月10日　初版第１刷発行　＊定価はカバーに表示してあります

著　者　後　藤　正　英©
発行者　萩　原　淳　平
印刷者　藤　森　英　夫

発行所　株式会社　晃　洋　書　房
〒615-0026　京都市右京区西院北矢掛町７番地
電話　075(312)0788番(代)
振替口座　01040-6-32280

装丁　尾崎閑也　　印刷・製本　亜細亜印刷㈱

ISBN978-4-7710-3811-0